經濟學

Economics: A Very Short Introduction

Economics: A Very Short Introduction

經濟學

帕薩 · 達斯古達（Partha Dasgupta）著

葉碩　譚靜 譯

OXFORD
UNIVERSITY PRESS

Oxford University Press is a department of the University of Oxford.
It furthers the University's objective of excellence in research, scholarship,
and education by publishing worldwide. Oxford is a registered trade mark of
Oxford University Press in the UK and in certain other countries

Published in Hong Kong by
Oxford University Press (China) Limited
39/F Floor, One Kowloon, 1 Wang Yuen Street, Kowloon Bay, Hong Kong

This Orthodox Chinese edition © Oxford University Press (China) Limited

The moral rights of the author have been asserted

First edition published in 2016

經濟學

帕薩‧達斯古達著

葉碩　譚靜譯

ISBN: 978-0-19-943366-7

3 5 7 9 10 8 6 4

English text originally published as *Economics: A Very Short Introduction*
by Oxford University Press © Partha Dasgupta 2007

To Aisha, Shamik, and Zubeida
with their Baba's love

目　錄

前　言

　　為經濟學寫一本簡介是一件既容易又困難的事情。說它容易，是因為從某種程度上講，我們人人都可稱得上是經濟學家。例如，我們用不着別人來教給我們甚麼是價格——我們每天都要面對它。專家們或許需要解釋，銀行為甚麼要為儲蓄存款提供利息，「風險厭惡」為甚麼是一個令人捉摸不透的概念，我們衡量財富的方法為甚麼在很大程度上偏離了衡量財富這件事的原本意義，但是所有這些其實我們都並不陌生。因為經濟學與我們密切相關，當我們覺得事情不對頭的時候，也會對於怎麼把事情弄好持有自己的觀點。我們會強烈堅持自己的觀點，因為我們的道德觀念會決定我們的政治立場，而我們的政治立場將影響我們的經濟學。我們並不會在思考經濟學問題的時候懷有疑慮。因此即使當我們試圖揭示經濟世界的形成途徑的時候，我們研究經濟學的原因也是一塊「絆腳石」。但由於經濟學在很大程度上和這些途徑有關(它是一門盡可能以證據為基礎的社會科學)，絲毫不該令人感到驚奇的是，人們在經濟問題上產生的分歧，最終常常是與他們對「事實」的理解有關，而與他們持有的「價值觀」無關。

因此為經濟學寫一本簡介是一件很難的事情。

起初，當我為撰寫這本書草擬計劃時，我腦子裏想的都是要為讀者們展示一幅經濟學的「概觀」，就像頂尖的經濟學期刊和教科書那樣。但是，即使經濟學的分析和實證核心在近幾十年來已經變得越來越穩固，我面對那些教科書上給出的供討論的話題（貧困地區的農村生活根本未被提到，而這是大約25億人的經濟生活），以及那些在頂尖經濟學期刊上被作為重點的題目（大自然很少作為一個積極的參與者出現），卻絲毫沒有感到輕鬆。我同時完全理解了這件事情——牛津大學出版社要求我為經濟學寫出一本非常簡短的介紹，而有的經濟學教科書篇幅在1000頁以上！我頭腦中冒出一個念頭：我應該放棄我原先的計劃，轉而描述我們經濟學家為了理解我們周圍這個社會性的世界而採用的邏輯推理方法，再將這種邏輯推理方法運用到我們人類當今所面臨的一些最為緊要的問題中去。直到最近我才意識到，我只有將這部著作圍繞我兩位虛構的孫輩（貝基和德絲塔）來展開，才能夠完成這一任務。貝基和德絲塔的生活有天壤之別，但由於她們都是我的孫輩，我相信我能夠理解她們的生活。更加重要的是，是經濟學幫助我理解她們的。

這裏提出的觀點已經在我的著作《貧富論》（Oxford: Clarendon Press, 1993）中形成並得到探索。在那本書的寫作過程中，我意識到，經濟學在不斷地驅

動着我的道德觀念，而反過來我的道德觀念又激活了我的政治立場。由於這是一種不尋常的因果鏈條，因此之前的那部著作要更加有技術性，更加「沉重」。自從它出版以來，理論和實證上的進步促使我目前更確定地堅持我在書中提出的觀點。與那時相比，我對事物的理解更深，這包括為甚麼我對很多事情還不理解。目前這部著作是我對前一部的自然拓展。

在這部專著的寫作過程中，我從和以下諸位的通信和討論中獲益匪淺：Kenneth Arrow, Gretchen Daily, Carol Dasgupta, Paul Ehrlich, Petra Geraats, Lawrence Goulder, Timothy Gowers, Rashid Hassan, Sriya Iyer, Pramila Krishnan, Simon Levin, Karl-Göran Mäler, Eric Maskin, Pranab Mukhopadhay, Kevin Mumford, Richard Nolan, Sheilagh Ogilvie, Kirsten Oleson, Alaknanda Patel, Subhrendu Pattanaik, William Peterson, Hamid Sabourian, Dan Schrag, Priya Shyamsundar, Jeff Vincent, Martin Weale, and Gavin Wright. 這一版本回應了下列人士對前一稿的意見：Kenneth Arrow, Carol Dasgupta, Geoffrey Harcourt, Mike Shaw, Robert Solow, and Sylvana Tomaselli. Sue Pilkington 在這本書準備出版的過程中，從無數方面對我提供了幫助。我對他們所有人表示感謝。

2006年8月在劍橋聖約翰學院

引　言

貝基的世界

　　10歲的貝基與她的父母和哥哥薩姆住在位於美國中西部的一個郊區小鎮上。貝基的父親在一家以財產法為主營業務的事務所工作。根據事務所的利潤情況，他的年收入會略有浮動，但很少會低於145,000美元($145,000)。貝基的父母在上大學的時候相互認識了。她的母親在出版行業工作了幾年，但當薩姆出生以後，她決定將精力集中於照顧家庭之上。目前，貝基和薩姆都已上學，因此她在當地的教育機構做起了義工。這一家人住在一幢兩層的房子裏。這幢房子共有四間臥室，樓上有兩個洗澡間，樓下有一個衛生間、一間會客室兼飯廳、一間很現代化的廚房，地下室則被用作家庭活動室。屋後有一大片空地——後院，一家人在那裏開展娛樂活動。

　　儘管他們的房產還處於部分被抵押的狀態，但貝基的父母手裏還持有股票、債券，並在一家國有銀行的本地支行有一個儲蓄賬戶。貝基的父親和他就職的事務所都在往他的養老金賬戶裏存錢。並且，他每月會向他參與的一個銀行計劃付款，而這個計劃將來會

圖1　貝基的家

支付貝基和薩姆的大學學費。這個家庭還參加了財產和人身保險。貝基的父母經常提到，因為聯邦稅率很高，他們必須節省開支。他們也正是這樣做的。但是，他們擁有兩輛小轎車，孩子們每年暑假都去野營，每當野營結束，一家人還會一起去度假。貝基的父母還說，貝基這一代人會比他們更有前途。貝基希望能夠愛護自然環境，因此堅持騎自行車去上學。她的理想是當一名醫生。

德絲塔的世界

　　10歲的德絲塔與她的父母和5個兄弟姐妹在亞熱帶

圖2　貝基騎自行車去上學

氣候下的埃塞俄比亞西南部的一個村莊中生活。一家
人住在兩間茅草屋頂的泥屋裏。德絲塔的父親在政府
分給他的半公頃土地上種了玉米和埃塞俄比亞畫眉草
（埃塞俄比亞特有的一種糧食作物）。德絲塔的哥哥幫
他父親種地，還協助他照管家裏的牲畜，包括一頭母
牛、一隻山羊和幾隻雞。數量較少的畫眉草被賣掉，
用以換取現金收入，而數量較多的玉米則被作為一家
人的主要食糧。德絲塔的母親在他們屋旁的一小片土
地上種了捲心菜、洋葱和假香蕉（一種全年都能種植的
塊根作物，也是一種糧食作物）。為了補貼家庭收入，
她還用玉米來釀造一種當地人喝的飲料。除此以外，

她還要做飯、打掃、照看嬰兒，因此每天通常要工作14個小時。即使工作這麼長的時間，她一個人也沒法完成這麼多任務。（因為原料都是生的，光做飯一項就要花去5個小時。）因此德絲塔和她的姐姐要幫她們的母親完成這些家務瑣事，還要照看弟弟妹妹們。雖然一個弟弟上了當地的學校，但德絲塔和她姐姐從來沒上過學。她的父母不識字也不會寫字，但卻會簡單的算術。

圖3 德絲塔的家

德絲塔的家裏既沒有通電，也沒有通自來水。他們居住地周圍的水源、牧場和林場都是公有財產，歸

圖4　德絲塔在勞動

德絲塔村子裏的人們共同享用，但村民們不允許村外
的人利用它們。每天，德絲塔的媽媽會和女兒們去挑
水，撿拾柴火，從本地公產上採摘漿果和草藥。德絲

塔的媽媽經常抱怨說，採集每天的必需品所花的時間和精力是一年比一年多了。附近並沒有任何能夠提供信貸和保險服務的金融機構。因為葬禮的花費很高，於是德絲塔的父親在很早以前就參加了一個社區保險計劃，每月向這個計劃中存錢。當德絲塔的父親購買他們現在擁有的這頭奶牛時，他動用了家裏的所有現金積蓄，還向親戚們借了一筆錢，並保證在有能力的時候一定償還。反過來，當親戚們有困難的時候也會向他借錢，如果他有能力的話，也會把錢借給他們。德絲塔的父親說，他和他的親戚所實踐的這種互惠形式是他們文化的一部分。他還說，他的兒子們也是他的財產，因為當他和德絲塔的媽媽年老的時候，兒子們會照顧他們。

經濟統計學家們估計，調整埃塞俄比亞和美國之間的生活成本差異之後，德絲塔一家的年收入大概為5500美元，其中有1100美元可看作是他們從本地公產中所獲得的。但是，因為每年降雨量都有所變化，德絲塔一家的收入有很大的波動。在收成不好的年景裏，家裏儲存的糧食還沒到下一個收穫季節，就早已被消耗殆盡。糧食極度匱乏，使得他們體質變差，小孩子們尤其如此。只有在收穫季節過後，他們的體重和體力才能恢復。周期性的飢餓和疾病使得德絲塔和她的兄弟姐妹都有些發育遲緩。這些年以來，德絲塔的父母已有兩個孩子分別感染了瘧疾和痢疾，在嬰兒

階段就夭折了。除此之外，德絲塔的母親還有過幾次流產。

德絲塔知道，她五年後就會結婚（很可能嫁給一個像她父親那樣的農民），然後和她丈夫一起，生活在鄰近的一個村莊中。她預計，她今後的生活會和她母親的生活十分相似。

經濟學家的討論議題

世界各地人們的生活有巨大的差異，這已經是個老生常談的話題了。在我們這個能夠遊歷世界的年代，這甚至成為了一種再平凡不過的現象。我們早已預料到並恐怕早已坦然接受了這個事實：貝基和德絲塔將會面對迥然不同的未來。然而，如果我們猜想，這兩個女孩在本質上十分相似，也不應被認為是過於輕率：她們都對玩耍、美食、閒聊這樣的事情樂此不疲；她們與家庭成員關係密切；當她們心情不好的時候，都會向自己的母親傾訴；她們都喜歡漂亮的穿戴；她們也都有可能情緒低落、充滿煩惱，或是笑逐顏開。

她們的父母也十分相似：就各自生活的世界而言，他們稱得上是知識豐富；他們關心自己的家庭，能夠因地制宜地解決不斷出現的問題，譬如創造收入，將資源在家庭成員之間做出合理分配，還要不時地應對突發的緊急情況。因此，要想探尋造成他們生

活狀況存在巨大差異的根本原因，一種切實可行的入手方法就是，先要注意到這兩個家庭正面對着截然不同的機遇和障礙。從某種意義上講，德絲塔的家庭在能夠達到的狀態和能夠從事的事情上，要比貝基的家庭受到更多的限制。

人們的生活之所以是現在這樣，是因為受到了一些進程的影響。而經濟學在很大程度上正是要力圖揭示這些進程；這門學科還要試圖去找出那些影響這些進程的因素，以此來改善那些在能做能為方面正在受到嚴重限制的人們的前途。前一種行為包括尋找解釋，後一種則偏重於開出政策良方。經濟學家們還會就今後的經濟生活狀況會變成甚麼樣子做出預測。但如果要認真對待這些預測的話，就必須首先理解那些塑造人們生活狀態的進程，這正是尋找解釋的努力要優先於做出預測的努力的原因。

尋找解釋與開出良方的環境背景可能是一家一戶、一個村鎮、一個區域、一個國家，甚至有可能是整個世界——人口和地區的綜合程度僅僅反映了我們在研究這個社會性的世界時所選擇的細節。設想一下，如果我們希望了解在一個社區之中，食物在家庭成員之間進行分配的基礎，那麼家庭收入無疑將會起到一定作用；但如果想要了解食物是依據年齡、性別抑或是地位來分配的話，我們還需要更深入地研究這些家庭。當我們找到了答案，我們還應當問一下自

己，為甚麼這些因素會起作用，甚麼樣的政策良方（如果有的話）會被接受。與之對照，再來設想一下，我們想要知道比起50年前，整個世界是否更加富有。因為這個問題與世界平均水平相關，所以我們可以理直氣壯地抹平家庭內部和家庭之間的差異。

取平均值在跨時段研究中也是必須的。研究目標和收集信息的成本會影響取均值的單位時間選擇。例如，印度的人口普查統計每10年進行一次。更頻繁的人口普查將會更加昂貴，而且並不會得到額外的重要的信息。相反，如果我們需要研究季節間的房產銷售量的話，即使是年度的統計數據也不能很好地回答這個問題。作為一個不錯的折中方案，月度房產銷售統計數據兼顧了細節和收集細節所需的成本。

現代經濟學——我指的是，目前在頂尖大學中教授並實踐的這種經濟學——傾向於自下而上的研究問題的方式：從個人開始，到家庭、村鎮、地區、州郡、國家，直到整個世界。數以百萬計的個人決策會從不同程度上影響人們所面對的可能發生的情況；理論、常識和事實都告訴我們，我們都在做的事情，其結果會有無數種可能性。這些結果中的一部分是我們所希望的，但很大一部分又是我們所不希望的。然而，這裏又會出現一種反饋信息，因為這些結果反過來會決定人們接下來能做些甚麼，會選擇做些甚麼。當貝基一家駕駛汽車和使用電力時，或是當德絲塔一

家製造混合肥和燒柴做飯時，他們都會使地球上的碳氧化物排放量有所增加。這種增加量當然可以忽略不計，但如果這種增加量以百萬計，就會成為一個相當可觀的數量，招致世界各地的人們都有可能經歷的各種結果。反饋信息有可能是「正的」，因此總增加量會大於各部分之和。引人注目的是，我們並未期望的那些結果中可能會包括必然存在的情形，例如在某些市場價格下產品的需求基本等於其供給。

我已經對貝基和德絲塔的生活做出了簡單的描述。要真正理解她們的生活，還涉及很多其他的內容；這需要做出分析，而分析通常要求進一步的描述。為了進行分析，我們首先需要確定這兩個女孩的家庭在不確定的偶然性下所面對的物質前景——現在的，還有未來的。其次，我們需要揭示它們所做出的選擇的特點，以及數以百萬計的像貝基家和德絲塔家那樣的家庭所做出的種種選擇是通過何種方式來決定它們所面對的前景的。再次，相關地，我們還需要揭示這些家庭是通過何種方式繼承了它們目前的情形的。

以上這些，可以說是無理的，甚至是有些令人望而生畏的要求。而且，我們頭腦中很可能迴蕩着這樣一種想法：既然萬事萬物都有對萬事萬物產生影響的可能性，我們如何來弄清這個社會性的世界？如果我們被這個憂慮壓倒，我們就不會取得任何進展。我所熟悉的每一個學科，都是通過給這個世界畫「漫畫」

來弄清世界的本質的。現代經濟學家則通過建立模型來完成這個任務。這些模型被「剝掉」了對外部現象的表述。當我用「剝掉」這個詞時，我的的確確是要表達「剝掉」的意思。在我們經濟學家中，着重強調一兩個有因果關係的因素，而將其他因素排除在外的情形並不罕見，這樣做是希望這能使我們理解現實的各種方面是如何運作並相互作用的。經濟學家凱恩斯（John Maynard Keynes）是這樣描述我們這個學科的：「經濟學是這樣一門科學：它把按照模型進行思考與選擇和當今世界相關的模型結合起來。」

當經濟學家對能夠量化的對象（消耗的卡路里數、工作的小時數、生產鋼鐵的噸數、鋪設電纜的英里數、被破壞的赤道雨林的平方公里數）進行研究的時候，所用的模型幾乎都是用數學方法建立起來的。這些模型其實可以用文字來敍述，但在表述一個模型的結構時，數學卻是一種效率極高的方法，更為有趣之處則在於用它來發現一個模型的深層含義。應用數學家和物理學家在很久以前就知道這一點了，但經濟學家們開始大膽地採用這種研究技巧，則僅是在20世紀下半葉的時候。相關的學科，如生態學，也是如此。可以通過模型對少數幾個有因果關係的因素進行着重考察，成功建立模型的藝術可以使得人們領會更多的東西。我用了「藝術」這個詞，是因為建立一個好的模型是無章可循的。一個模型所面對的最嚴峻的考

驗，就是它是否能從一個現象的多個解釋中，辨別出最好的那一個。那些通過了實證測試的解釋被接受下來——至少能夠保留一會兒——直到有進一步的證據來推翻它們。這時，經濟學家們就要重新回到他們的繪圖板前，建立更好的(並不一定是更複雜的)模型。後面的事情就依此類推了。

我在這裏簡要描述的這個方法論，能夠讓經濟學家們做出一種預測，這種預測並不是對未來的預測，而是要去預測：尚未從當前世界中收集到的那些數據能夠告訴我們甚麼。這可是件很冒險的事情，但如果想讓一個模型具有啟發性的話，那麼它就不應當僅僅做些「事後諸葛亮」式的解釋工作了。

經濟學家研究經濟史的方法，和歷史學家研究社會政治史的方法一直相差無幾，這種情況直到最近才有所改變。通過指出他們所認為的事件發生的關鍵驅動力，經濟學家們試圖揭示為何事件能夠在某個特定的地點，以特有的方式發生。這裏的重點在於所研究的事件的獨特性。這種研究模式中的一個經典題目是去探究為何第一次工業革命發生在18世紀，而它又為何發生在英國。我們可以看出，這個問題的提出是基於三個前提假設之上的：的確有第一次工業革命存在，它發生在18世紀，它又發生在英國。這三個前提假設當然都曾受到質疑，但就是在通過歷史研究而認同這些前提假設的人們當中，仍然有大量的遺留工作

沒有完成。結果是，圍繞着這些問題而寫出的文獻就成了經濟史中最偉大的成就之一了。

　　直到近些年，經濟學家們才在對過去的研究中加入了統計學的方法。這種新的研究方法將重點放在決定事件之序列的一般性上，與經濟學理論緊密聯繫。它採納了這種觀點：一種理論理應揭示在經濟路徑上的不同地點和時間中所共有的特徵。誠然，沒有兩個經濟體是完全一樣的，但現代經濟學家們所研究的是人類實踐的共同性，而並不是它的差異性。比如，你想要找出德絲塔和貝基所處的兩個世界的同時代特徵，這些特徵能夠解釋為何前者的生活水平遠遠低於後者。一組經濟學模型告訴你，這些特徵由變量X、Y和Z來表示。你去查閱關於X、Y和Z的世界統計數據，樣本量假定為149個國家。這些國家的統計數字各不相同，但你可以將這些變量本身看作是樣本內各個國家所共有的解釋因素。換句話說，你將這149個國家看作相同的經濟體，而將每個國家獨有的特徵當作該國的特質來看待。當然，你不能隨心所欲地將這些特質按你的喜好整合在模型中。統計學理論——在當前背景下稱作計量經濟學——將會限制你整合它們的方式。

　　以你的樣本中這149個國家的統計數據為基礎，你現在就可以做出測試，看看你是否應該有充份的理由相信X、Y和Z就是決定生活水平的因素。假設測試的結果告訴你，你有理由相信這一點，那麼對數據的進

一步分析會使你更加確定，樣本中生活水平的變化有多少是由X的變化決定，多少是由Y的變化決定，多少是由Z的變化決定。這些比例會就決定生活水平的各因素的相對重要性，給你一個感性認識。假如80%的生活水平的變化可以由變量X的變化解釋，而剩下的20%則由Y和Z的變化解釋，那麼你可以理直氣壯地做出嘗試性的結論：X是最主要的解釋變量。

將統計學應用於經濟數據的過程中，會出現不計其數的問題。例如，問題之一可能是你的經濟學模型顯示，決定生活水平的因素可能有67個之多（不僅僅是X、Y和Z了）。然而，你的樣本中只有149個國家。任何一位統計學家都會告訴你，要弄清67個因素所起到的作用，149這個數字實在是太小了。還有其他問題在困擾着計量經濟學家們。但在你拋棄統計學，回到敍述性的實證論述之前，請問一問自己，人們有甚麼理由會覺得一位學者的史實性敍述優於另一位的。你甚至還會吃不準，是不是這位學者的文學天賦影響了你對她作品的欣賞。現在有人會來打消你的顧慮，告訴你就連史實性敍述的作者心目中，都會有一個模型存在。他會告訴你，這個作者的模型影響了她對作品中所羅列的證據的選擇：她是在對大量證據的篩選之後，才選擇了這些證據的。你反過來會問，你應該如何判定她概念中的模型就一定優於別人的。這個問題又將我們帶回到檢驗社會現象的可選模型上。在下一

章中，我們會發現史實性敍述在現代經濟學中仍然發揮着重要的作用，但它是與建模和計量經濟學檢驗共同起作用的。

作為計量經濟學檢驗基礎的一些默認的前提假設，是難以評價優劣的(如何將國家獨有的特質整合到模型中只是其中之一罷了)。因此，經濟統計學家們對問題的理解，常常最多只是處於「半透明」狀態。數個相互對立的模型同時存在，每個都有自己的捍衛者，這也不是一件稀罕事。模型的建立、數據的可用性、史實性敍述、計量經濟學方法的進步，彼此間互相加強補充。正如經濟學家索洛(Robert Solow)所表述的，「事實要求解釋，而解釋反過來要求新的事實」。

在這本專論中，我首先想要給諸位一點感性認識——我們經濟學家是如何對決定貝基和德絲塔生活的經濟道路進行揭示的。我將通過講述前面所提到的我們所關心的三個問題，來完成這個任務。接下來我會解釋，為甚麼我們會需要經濟政策，我們又是如何來確定最好的經濟政策。無疑，在這個過程中我們會建立模型，但我將主要用文字語言來描述它們。我還將提到實證調查的結果，這些結果來自人類學、人口學、生態學、地理學、政治科學、社會學，當然還包括經濟學本身。但我們將透過經濟學的「透鏡」，來研究這個社會性的世界。我們所採納的關於生存狀況

的觀點，突出了——無論是在當前還是跨時期的——
稀缺資源的配置問題。我的想法是，帶諸位轉上一
圈，看看我們究竟能夠對身邊這個社會性的世界做出
多麼深刻的理解。

第一章
宏觀經濟史

我曾經說過,如果我們想要理解貝基和德絲塔的生存狀態,那麼必做的一件事就是要去揭示,她們的家族是通過何種途徑繼承了現有的狀況。這也正是經濟史的核心內容。在研究歷史的過程中,如果足夠大膽,我們就可以把眼光放遠一些,上溯到一萬一千年前,人們在新月沃土北部(大概在現在的土耳其東南)開始農耕的時代,試着來解釋一下:為甚麼許許多多在貝基所處世界的形成過程中曾經起到日積月累的促進作用的創新和實踐,並未在德絲塔的世界中出現,或者並未能充份影響德絲塔的世界。

學者們也已經試圖這樣做了。例如,地理學家戴蒙德(Jared Diamond)曾經指出,相比其他地區的居民,生活在歐亞超級大陸的人們坐擁兩個得天獨厚的優勢:首先,與非洲和美洲不同,歐亞大陸處在以東西向為軸的溫帶,沒有無法逾越的高山和沙漠來阻礙人類和動物種群的遷徙,以及植物種子和思想的傳播;其次,歐亞大陸得天獨厚,有大量可以馴養的動物種群,使得這裏的人們可以從事一些單靠他們自己

無法進行的活動。在不同的時期，在歐亞大陸的不同地區，經濟的增長和衰退此起彼伏，有時是印度，有時是中國，有時是波斯，有時是伊斯蘭世界，有時是歐洲的某個地區，而後又是別的甚麼地方。總之，超級大陸的規模和發展趨勢意味着，過去的11,000年裏，人類文明的成就就像金融市場裏股票的業績一樣：某些地區的衰落必然伴隨着其他地區的崛起，此消彼長。到了16世紀，善於航海的西歐國家和美洲大陸之間的技術差距已經相當大，以至於僅僅憑藉着火槍、鐵器和歐洲病菌，一小隊歐洲入侵者就輕而易舉地佔領了美洲新大陸。貝基的世界所取得的巨大成功，實質上是不到500年前所發生的社會變革的結果。

以GDP為量桿

為了像我們現在這樣討論成功和失敗，我們還需要一個衡量尺度。目前使用最廣泛的一個工具指標是人均國內生產總值（人均GDP）。經濟學家們發明了這個概念，同時也強調了它的一些局限性，但是，無論如何，這個概念已經在公眾意識裏根深蒂固了。如果有人聲稱「經濟增長啦」，我們不需要問「是甚麼增長了」就知道他是在說，實際人均GDP增長了，就是指用通貨膨脹或通貨緊縮數據修正過的人均GDP增長了。

一個國家的GDP是指一個特定時期（通常指一年）內它的國內居民生產的所有最終產品的價值總和。它

被用來衡量一個經濟整體的總產出。當一件商品被生產出來並出售時，用於購買它的錢也同樣充實了賣者的腰包。所以，GDP也可以用每個人的收入加總來計算，包括工資、薪酬、利息、利潤以及政府的財政收入。也可以說，GDP和國民收入是同一枚硬幣的正反面。

雖然GDP經常被用來衡量財富，但實際上它並不能做到這一點。GDP是一個流量(比如說，美元/年)，而財富則是一個存量(某一個時期內得到的美元數)。由於GDP的概念最初是基於市場經濟的前提建立的，它所說的價值也是產品的市場價格。但是通過巧妙地構建一個名義價格(稱為「影子價格」，參見第七至第八章)的概念，經濟學家把GDP的概念也應用於德絲塔所處的經濟世界，那裏的經濟活動是在非市場化的制度中進行的。通過給德絲塔所在村子裏的村民的產品賦予價值，經濟統計學家得出這樣的結論：相當於她家庭收入五分之一價值的產品直接來自她所在地區的自然資源。這個數字是我在描述德絲塔的世界時使用過的。

經過調整，剔除了世界各地生活成本的差異之後，現在全球的人均收入大概是8000美元/年。但是在人類大部分的歷史時期裏，人們的貧困程度可以用「水深火熱」來形容。著名的經濟統計學家麥迪遜(Angus Maddison)曾經根據支離破碎的現存史料進行過估計，在紀元之初，世界人均年收入如果以現在的價

格表示，大約為515美元。如果麥迪遜的估計能夠八九不離十的話，那就意味着2000年前的人們，平均每人每天也就能支配1個多美元，這個數字位於世界銀行認為的極度貧困線以下。麥迪遜還指出2000年前的收入分配是非常平均的：幾乎所有地方的所有人都一貧如洗。他提供的數據還告訴我們：公元1000年左右，世界的平均收入和地區收入分配的狀況還是與1000年前的紀元初基本類似。地區間的貧富差距變得明顯是在19世紀初才出現的：那時候西歐的人均收入是非洲的3倍，但世界的人均收入以今天的價格標準計算仍然是755美元/年，說明在過去的1800年裏，總增長率還不到50%，折合成年增長率還不到0.02%。用當代的標準來看，這個數字簡直是低極了：在過去的40年裏，人均年收入增長率大約是2%。（一個有用的公式可以幫助我們理解：如果一個數字單位——比如說是實際人均GDP——以每年g%的速度增長或減少，那麼這個單位大概每70/g年會增加一倍或減少一半。舉個例子，如果以每年2%的速度增長，那麼人均GDP每35年就能翻一番；而如果以每年0.5%的速度下降，那麼每140年，人均GDP就會減少一半。）

大範圍的地區性貧富收入差距是最近不到200年間的事情。美國和非洲平均收入的比例從19世紀初的3倍已經擴大到今天的超過20倍，大約分別是38,000美元/年和1850美元/年。美國的實際人均GDP在200年裏增長

了30倍，意味着那裏的人均年收入增長率大約達到了1.7%。與此同時，令人難過的是，今天埃塞俄比亞的人均收入和200年前的幾乎一樣（現在的數字是每年700美元多一點），這一事實也恰恰反映在貝基和德絲塔的家庭成員平均收入的巨大差異上。

如果你按現在的人均GDP給國家排個隊，你會發現它們分成兩組：一個貧窮（德絲塔的世界），另一個富裕（貝基的世界）。的確有一些中間收入的國家零星分佈在兩極之間（中國、巴西、委內瑞拉和阿根廷是比較典型的例子），但為數眾多的一大批國家（在非洲的撒哈拉沙漠以南地區、印度次大陸、東南亞、美拉尼西亞和中美洲）總共擁有23億人口，但人均年產值才2100美元；而另一個小得多的群體（歐洲、北美、澳大利亞和日本），總人口還不到10億，卻享受着人均30,000美元的年收入（表1）。世界明顯地兩極分化了。而且，除了印度還有一些可能性之外，貧窮世界的國家要想在可預見的未來趕上富裕世界的國家，希望十分渺茫。在過去的40年裏，富裕國家的實際年人均GDP增長率達到2.4%，而貧窮國家只有1.8%（表1）。更糟的是，在貧窮地區，撒哈拉沙漠以南的實際人均GDP在過去40年裏還有小幅的下降。

和貧窮國家形成鮮明對比的是，農業產出在富裕國家的國民收入裏只佔一小部分。貧窮世界裏農業產出大約佔到GDP的25%，而在富裕國家還不到5%。富

裕國家不足10%的人口生活在農村地區。而貧窮國家70%以上的人口住在鄉下(表1)。這一事實不禁讓人聯想到,貧窮國家的人們主要是靠天吃飯,這也就是所謂的「自然經濟」。生態環境成了貧窮世界最直接關心的問題,而對富裕國家而言卻不是這樣。

最近,聯合國開發計劃署(UNDP)已經在着手拓展生活標準的衡量基礎。它通過構建一個數量的指數,綜合了人均GDP、出生時的預期壽命和成人識字率三個方面。UNDP已經將這個指數命名為人類發展指數(HDI)。又一次,除了少數例外,HDI在貧窮國家很低,而在富裕國家很高(表1)。

貝基和德絲塔間的差異背後最有可能的原因

是甚麼原因造成了生活在貝基世界裏的人比生活在德絲塔世界裏的人富裕那麼多?下面是一些不言自明的特徵。

富裕國家的人們擁有更先進的工作設備(電鑽比鐵鎬更加強大,拖拉機比起犁來具有明顯優勢,現代醫學比傳統療法更加有效)。所以產生了這樣的說法:在貝基的世界裏,物質資本(更準確地說,製造資本)的積累對人們能享受高質量的生活做出了至關重要的貢獻。這可能就是我為了解釋經濟學理論和應用經濟學在今天如何結合時,而在引言裏提到過的「因素X」。

也有人已經注意到了,富裕國家的人受到了更好

的教育，他們能夠去應用知識來生產產品，而這對於那些高文盲率國家的人們來說，是可望而不可及的。一個衡量教育的粗略指標是成人（15歲及以上人口）的識字比率。現在這個指標在富裕國家已經超過95%，而在貧窮國家只有58%（表1）。性別不平等的問題在貧窮國家也比在富裕國家要嚴重得多。貧窮國家成年婦女識字率是48%，而在富裕世界中，相應的比率和成年男子識字率相差無幾，也在95%以上（表1）。

表1　富裕國家和貧窮國家

	富裕國家	貧窮國家
人口（10億）	1.0	2.3
人均GDP	30,000美元	2100美元
人類發展指數	高	低
年人口增長率(%)：1966–2004	0.8	2.4
年人均GDP增長率（%）：1966–2004	2.4	1.8
總生育率（TFR）	1.8	3.7
成人識字率(%)（婦女識字率[%]）	>95（>95）	58（48）
政府腐敗指數	低	高
出生時的預期壽命（年）	78	58
五歲以下死亡率（每1000人）	7	120
農村人口（佔總人口的百分比）	10	70
農業產出在GDP中的比例（%）	5	25

來源：《世界發展指標》（世界銀行，2005年）

和教育密切相關的則是健康狀況。現在，在富裕國家中，出生時的預期壽命是78歲，而在貧窮國家裏僅為58歲。每年在貧窮國家，每1000名5歲以下的兒童裏，大約有120名會死亡；而在富裕國家，相應的數字僅為7名（表1）。

　　與此相關，乾淨的水源和良好的衛生條件也是富裕國家死亡率大幅降低的原因之一。貧窮國家裏四分之一的人口正在飽受營養不良的困擾，而在富裕國家相應的數字幾乎可以忽略不計。營養不良和體弱多病又繼續惡性循環，食物匱乏和死亡率同時增加。有證據表明，童年早期的營養不良將影響人們認知能力的提高。綜上所述，相對於貧窮國家而言，富裕國家裏的人們有能力承擔更高質量的工作，並工作更長時間。教育水平和健康狀況一起構成了人力資本。經濟學家舒爾茨（Theodore Schultz）和貝克（Gary Becker）在其具有先驅意義的文獻中揭示出，人力資本的積累已經成為現代貝基世界的人們享有高質量生活背後的重要因素。這個可以作為我在引言中提到的「因素Y」。

　　然而，許多經濟學家把新理念的產生看作經濟增長背後的根本因素。他們提出，富裕國家之所以變得富裕，是因為那裏的人們不僅僅將新理念用於新產品（印刷機、蒸汽機、電力、化學產品、電子計算機）的生產，而且也在成功地運用這些理念，以更低廉的成本生產傳統產品（運輸、採礦）。顯然，教育和科學技

術的進步結合在一起，形成了一種經濟動力。僅僅靠初級和中級教育是不可能推動社會發展到今天的水平的。一個高等教育水平偏低的國家，無法擁有能夠勝任高端先進技術工作的人力。時至今日，未曾受過高等教育的人，同樣也沒有能力去取得科學和技術上的進步。這些理念，可以作為我在引言中所提到的「因素Z」。

與此相關的是一個本不該存在如此多爭論的話題：人口增長。即使僅憑直覺，我們也知道，如果人口增長很快，那麼為了保持生活水平，資本的增長率也要很高才行。如果兩個國家積累物質和人力資本的願望相同，而且人口的增長並不能使得積累資本的成本降低，那麼人口增長較為緩慢的那個國家將被認為在長期內享有更高的生活水平。自從20世紀60年代中期以來，當代貧窮世界中的人口年均增長率高達2.4%，而富裕世界中相對應的數字只有大約0.8%（表1）。這是一個巨大的差異。人口統計學者目前一致認為，在其他條件保持不變的前提下，人口增長較快的國家在近年內正在經歷着實際人均GDP的緩慢增長。稍後，在這本書中我們會注意到，在今天的貧窮國家中，人口的高增長還給其生態帶來了巨大的壓力，給農村居民帶來了進一步的問題。

一個國家的人口增長，不僅僅受到人口淨繁衍的影響，還受到淨入境移民和年齡分佈的影響。為了單

獨分析人口的淨繁衍，通常的做法是採用生育率(更準確地說是總生育率，TFR)這一指標，這是一位婦女在一生中預期的存活育兒總數。假設每對父母都期望有一定數目的成活子女，那麼，一旦5歲以下兒童的死亡率降低，生育率也理應隨之降低。但令人口學家困惑不解的是，貧窮世界中生育率的下降為何會比他們所預期的要慢。目前所知的西北歐(特別是英國和法國)第一次生育率的下降，發生在17世紀。當時這一數字從7下降到4(第六章)。目前富裕世界的生育率在1.8(低於2.1——位於2.1時，人口數量會長期趨於穩定)，而在貧窮世界中這個數字是3.7(表1)。儘管兒童死亡率有顯著下降，但在非洲撒哈拉沙漠以南地區，生育率仍然位於6至8之間。我們理應問一問是否有一種對抗力量存在，使得這一地區的生育率居高不下。我們理應問一問，隨之而來的人口增長，是否已經成為其近40年來經濟狀況惡劣的一個因素。在第六章中，我們將更加詳細地探究這個問題，但高生育率對婦女狀況的一個潛在的影響已經不言自明了。

在非洲撒哈拉沙漠以南地區，延長哺乳期是一個用來控制受孕的傳統方法。在喀拉哈裏沙漠生活的「昆山」游牧部落中，幼兒的哺乳期會持續到4歲才結束。即使我們忽略這些極端情形，一次成功的生育也要包括兩年的孕期和哺乳期。這就意味着，在女性出生時的預期壽命是45歲，而生育率是8的這樣一個社會

中，女孩們可以預料到自己要把生育期(例如，15至45歲)的一半多都花在懷孕和撫育嬰兒上面。在這種情況下，像德絲塔的母親一樣的婦女們除了以種地為生以外，根本無法去從事其他的僱傭勞動了。

沒有一位經濟學家曾經聲稱，在經濟增長背後，只有一種驅動力。所有人似乎都一致認為，製造資本和人力資本的積累與新興科學技術理念的生產、流通和應用互相配合，每個因素都對其他因素的貢獻做出了積極貢獻。在當代世界中，在其他條件相同的情況下，對製造資本產品的積累會使實際GDP獲得提高。這會讓各個社會撥出更多的收入用於人們的教育和健康事業，從而使生育率和兒童死亡率進一步降低。在其他條件相同的情況下，教育會使GDP進一步增長，而較低的生育率和兒童死亡率通常會使人口增長放緩。總的來說，這些將會使社會能夠撥出更多的收入來創造新興的理念。這將提高製造資本的生產率，生產率的提高反過來將進一步促進製造資本的積累，這是一個通往繁榮的良性循環。它的反面，自然就是通往貧困的惡性循環了。當今，貧窮世界和富裕世界的兩極分化，正是這兩種變動的具體表現。經濟學家們用良性循環和惡性循環來描述兩極分化(我們中的一些人將惡性循環說成是貧困陷阱)；數學家們則說，貧窮和富裕這兩個世界在兩個不同的吸引域裏面。

找出在經濟增長中起作用的各種因素之間的相對

重要性，是一件大有可能的事情。無疑，在不同的地點和不同的時代，各種因素之間的相對重要性是不一樣的。但就在50年以前，索洛提出了該如何對這個問題進行調查研究：他設計了一種方法，將一國經濟的實際GDP中有記錄的變化分解為可測量的來源。與我在引言中所描述的關於國家間統計數據的實證分析形成對比，這裏的想法則是要在某一國的範圍內和一定的時間範圍內，去測度X、Y、Z的變化，並在同樣的時間範圍內估計這些變化在實際GDP的增長中所起作用之間的相對重要性。假設在一段時間之內某國家的實際GDP有所增長，索洛和他的後來者演示了如何將這種增長歸因於勞動力參與的增加(人口的增長，從事有酬勞動的女性就業的增加)、人力技術和製造資本的積累、機器設備質量的改進，等等。現在假設，當我們把這些生產因素所帶來的貢獻進行加總時，我們發現，這個總和達不到GDP的增長量。這樣的話，我們就有理由把這種差異解釋為，在這個經濟體中資本的總生產率提高了。我們這樣說的意思是，即使這些生產要素(例如機器設備和技術)的數量保持不變，現在也可以比過去有更多的產出。這是一種正式的方法，它承認生產產品的效率有了總體上的提高。經濟學家們以全要素生產率來衡量這種提高。

後面的這部分增長是從何而來的呢？當人們獲得知識並加以利用的時候，或者當人們更好地利用已有

知識的時候，它就產生了。這正是為何經濟學家經常把全要素生產率的增長稱為技術進步的原因。但經濟中還存在其他變化，這些變化也能夠對全要素生產率產生影響，例如制度運行方面的改進。全要素生產率的增長也許並不能很好地說明某個觀點，但它卻很好地反映了GDP增長中未被解釋的那一部分。在經濟學文獻中，這個概念也就被沿用至今。

自從第二次世界大戰以來，富裕世界中的全要素生產率有了明顯的增長。例如，有人估計，1970年到2000年之間，英國全要素生產率的平均年增長率達到了0.7%。經濟學家們還估計，與此形成對比的是，非洲撒哈拉沙漠以南地區的一些國家，其全要素生產率在這段時間內稍微有所下降。

這些數字意味着甚麼呢？先來說說英國的例子。該國的實際GDP以每年2.4%的速度增長，這意味着，這種增長中有大約29%（也就是0.7/2.4）可以歸因於全要素生產率的增長。以2.4%的增長率，2000年的實際GDP比1970年的實際GDP翻了一番。這種增長中，幾乎有三分之一可以歸因於全要素生產率的增長。與此形成對比，非洲撒哈拉沙漠以南地區的一些經濟體，其全要素生產率在同一時期卻下降了，它們在使用機器設備、技術、工時等生產要素時，效率變得更加低下。很難相信，這些國家中的人竟然在系統性地「忘記」他們曾經懂得的技術知識。因此，全要素生產率

的下降一定是當地制度日趨惡化的結果，而內戰和治理不當則加劇了這一惡化過程。

這些統計數據引起了困惑。當今的貧窮國家大多位於熱帶，而富裕國家大多位於溫帶。無疑，熱帶地區是很多疾病繁衍的溫床，但它同時也擁有巨大數量的自然資源(木材、礦產，還有適合種植香料、纖維、咖啡和茶葉的環境)。在過去的幾個世紀中，目前的富裕國家正是在進口這些資源和產品，用來為工廠和工場提供動力，並使得國民的一日三餐令人愉悅。它們不斷積累機器設備、人力資本，並創造了科學技術知識。為甚麼貧窮世界並沒有好好利用它的資源稟賦，以同樣的方式豐富自己的生活呢？

殖民，是一個可能的答案。歷史學家們已經指出，從16世紀開始，歐洲列強們就已經開始從殖民地掠取自然資源，包括廉價的(實際就是奴隸)勞動力，但卻將這些收益投資於國內。當然，人們應該問問為甚麼歐洲人最終成功地將熱帶地區變成了殖民地，為甚麼殖民化的方向不是反過來的。前面講過，戴蒙德曾經給出過一個答案：前殖民地中的很多最著名地區目前都已經政治上獨立好幾十年了。在這些年中，富裕國家的實際人均收入一再增長。然而，除了南亞和東南亞的幾個特例以外，絕大多數前殖民地國家，不是一如既往地貧窮，就是比以前更加貧窮了。為甚麼？

制度

經濟歷史學家們，如福格爾(Robert Fogel)、蘭德斯(David Landes)以及諾斯(Douglass North)，都認為富裕國家目前之所以富裕是因為多少世紀以來，它們設計出了使人們能夠改善其生活物質狀況的制度。這是一個較深刻的解釋。它認為：富裕國家的人們之所以採用更為先進的技術工作，更加健康，壽命更長，受到過更好的教育，想出更多能促進生產力的點子，是因為能讓他們安身立命的社會中的制度允許甚至鼓勵這種全經濟體範圍內的要素積累，包括機器設備、運輸設施、衛生、技術、理念以及理念所帶來的成果。這種生產資本的積累只是經濟繁榮最直接的原因，而真正的原因正是制度的進步。

現在可以將這一概念再揭開一層，來看看當今富裕國家的「先輩們」是為何又是如何改革他們的制度，使得促進繁榮的這些直接原因得以激增。你甚至可以問，究竟是制度起了作用，還是統治者們開明的政策導致了這種激增。然而，這些政策並不是憑空出現，而是在制度的範圍內經過商討和審議出爐的。一項被設計出來的政策也不會真的給國家帶來繁榮，除非制度本身有能力去執行它。

這些進退兩難的局面對於今日的貧窮國家來說，具有無比重要的意義。它們應該採用甚麼樣的制度？應當鼓勵它們的政府遵循甚麼樣的政策？着手上馬超

大規模的項目(鋼鐵廠、石化廠、土地改革、公共衛生計劃、免費教育)並沒有甚麼意義，除非這個國家的制度本身具有限制腐敗和浪費的制衡手段。這就將我們帶回到剛才提到的問題：那些促進了今日富裕國家經濟發展的制度，是如何被建立起來，並且得到普及的呢？儘管這個問題已經引起了世界上最出色的經濟史學家的廣泛關注，但它仍然懸而未決。在下一章中，我將向大家展示，為何從根本上來說，找到一個令人滿意的回答事實上是很困難的(我想，這本身就是更深入的理解吧)。考慮到這些困難，在我們試圖理解為何貝基的世界和德絲塔的世界的生活水準如此不同時，最保險的方法就是，把制度看作那個解釋要素。

《牛津英語大詞典》將制度一詞定義為「一個民族的政治生活或社會生活中已經確立的法律、風俗、用法、慣例、組織，或其他的要素」。我們將遵從這個定義的指引，但又會將其重新解釋，以此來強調制度在經濟生活中的作用。對於制度一詞，我認為它不算嚴格的定義是，能夠管理集體行動的一些安排。這些安排不僅僅包括法律上的實體，如貝基父親就職的事務所，還包括了德絲塔父親所參加的社區保險計劃；它們包括貝基一家購買商品和服務的市場，還包括德絲塔一家所屬的鄉村網絡；它們包括貝基世界中的核心家庭，還包括德絲塔世界中那種充滿權利義務的、廣泛的血緣親族系統；它們還包括了兩個世界共有的主導實體，政府。

從某種意義上說，制度是由管理集體行動的準則和權力結構所決定的；但從另一種意義上說，制度也是由其本身和外界之間的關係決定的。為全體職員所制定的規章(誰應該完成甚麼任務，誰對誰有管轄權力，等等)，並不僅僅對公司的成員起作用，它同樣會對外部人士起作用。例如，富裕國家都有關於工廠工作環境的法律。而且，環境保護規章也限制了工廠對污染物的排放。在每個社會，各個層面都被不同的準則所覆蓋。有些準則在其他的準則之下生效，很多準則都有法律效力，而其餘的那些，最多不過是一些默認的協議而已。

一種制度的有效性，取決於管理它的準則，以及成員是否能遵守它。每個國家行政事務的行為準則都包括誠實，但在實踐中，政府和政府之間有巨大的差異。社會科學家們為公共官員中的腐敗現象建立了指數。其中的一個指數就以私營公司根據其實踐，對人們為了辦成事情而需要向官員們行賄的理解為基礎。該指數(見表1)以1(高度腐敗)至10(高度清廉)來衡量，大多數貧窮國家(非洲國家和東歐國家位於最差之列)都低於3.5，而大多數富裕國家(斯堪的納維亞半島的國家位於最佳之列)都高於7。過去曾有人提出，公共官員收取賄賂有助於提高國民收入，因為這為經濟交易起到了潤滑作用。在貧窮國家中是這樣的：如果你不「出血」的話，就無法辦成事情。但腐敗並不總

是一種不可避免的罪惡。在一些貧窮國家中，腐敗現象並不明顯。行賄使生產成本提高，因此產出會變少。受害的則是國民們，因為他們需要支付的價格要高出許多。

經濟學家們推測，政府的腐敗與人們所面對的法律實施上的延遲有關。這種觀點是說，延遲是引起行賄行為的一種方式，而行賄可以縮短法律上的手續。一份合同得到強制執行的時間，富裕世界中平均需要280天，在貧窮世界中則需要415天。腐敗現象也可能與政府的低效相關。注冊一個企業，在貧窮世界中平均需要66天，而在富裕世界中僅需27天。在貧窮世界中，注冊財產平均需要100天，而在富裕世界中這個數字是50天。一些經濟學家們認為，貧窮國家的政府官員們「製造」了長長的隊伍(這就是政府的低效率)，如果申請者想要「排隊加塞」，就可能會向政府官員們行賄(這就是腐敗現象了)。

如何將政府腐敗、低效率，以及對法治的漠視化為我們一直在這裏研究的宏觀經濟數據呢？它們在全要素生產率中都有體現。其他條件不變，一個擁有腐敗或低效的政府的國家，一個對法治不尊重的國家，其全要素生產率會低於一個政府較少受到這種缺點困擾的國家。一些學者將這些看不見摸不着但卻可以量化的要素，稱為社會基礎設施，還有一些學者稱其為社會資本。

制度屬於主導實體。人們是在制度中相互發生作用的。一個更加淺顯的概念是人們之間的約定。約定的可能性導致了經濟生活的本質問題。我們下面就來研究它。

第二章
信任

設想一下，有一群人發現了一個對彼此都有利的行動方案。在最高層面上，這有可能是：一國國民看到了接受憲法給他們國家帶來的好處。在地方層面上，這個任務則有可能是在下列事項中成本共擔，利益共享：維護一種公有資源(灌溉系統、牧地、沿海漁場)，修建一項可以共同使用的固定資產(穿過分水嶺的排水渠)，在政治活動中協作(公眾參與、遊說議會)，在商品的購買和交接無法同時進行的情況下做生意(信貸、保險、僱傭勞動)，步入婚姻殿堂，建立一個循環儲蓄和信貸互助協會(社區保險計劃)，發起一項互惠性安排(當你需要的時候，我幫助你，這意味着當日後我需要的時候，你也要幫助我)，沿用一種慣例(互相寄發聖誕卡片)，創建一種合作關係來為市場生產產品，進行一項即時交易(在櫃台購物)，等等等等。還有一些互利的行動方案，彼此之間彬彬有禮就是其中一例。這些行動方案從各種充滿公民意識的行為模式——諸如不亂破壞公共空間和更加遵紀守法——到對他人權利的尊重。

接下來再設想一下，這些人達成協議，以某種形式成本共擔，利益共享。在最高層面上，這種協議可以是國民之間達成的、共同遵守他們的憲法的一項社會契約。它也可能是要求彼此之間彬彬有禮的一種默許的協議，例如尊重他人的話語權、生存權，等等。這裏我們將考慮就商品和服務交易所達成的協議。有些情況下，這種協議是建立在一方為另一方所制定的、「接受或放棄」式的格式合同基礎上的(就像貝基的母親接受她請來的管道公司所設定的那些條款時那樣)。在其他情況下，還可能涉及討價還價的過程(就像德絲塔的母親在當地集市上購買房間裝飾品時的情形，這種集市和中東地區的「巴扎」沒有太大區別)。在這本書的後面(第四章)，我們將研究貝基一家所光顧的市場中，價格的一個理想化的版本，在這個市場中，買方和賣方同樣面對「接受或放棄」式的出價。但我們並不會去研究，當討價還價存在的情況下，價格協議是如何在貝基或德絲塔的世界中達成的；我們也不會去探討談判過程中可能援引的公平原則。這些問題的研究將會把我們引入議價理論——博弈論中一個優美而高難度的分支。作為替代，我們將提出一個與貝基和德絲塔的世界更為相關的問題：在何種情況下，達成協議的各方將會彼此信任對方能夠遵守諾言？

如果想讓自己說的話被別人相信，你的話就必須是可信的，因此僅有口頭承諾是遠遠不夠的。(注意

到，我們會提醒別人——還有自己——不要去「盲目地」信任別人。)如果各方想要彼此信任對方能夠遵守諾言，就應當將事情做出如下的安排：(1)在達成一致行動方案的過程中的各個階段，如果其他各方都準備遵守承諾，則每一方遵守承諾也是符合其自身利益的；(2)在達成一致行動方案的過程中的各個階段，每一方都應當相信，其他各方都會遵守承諾。如果這兩個條件都達到了，就會形成一個關於「該協議將會被遵守」的信任體系，而且該體系是自我強化的。

請注意，條件(2)是無法單獨成立的。這種信任應當被證明是合理的。而條件(1)則提供了這一合理性證明。它為大家都應該從原則上相信該協議將會被遵守提供了一個基礎。一個包含多方的行動方案如果滿足了條件(1)，就可以被稱為納什均衡(Nash Equilibrium)——這是為了紀念數學家納什(John Nash)，《美麗心靈》這部影片的原型，他證明了這並不是一個虛無縹緲的空洞概念。(納什證明了，該條件在現實情況中可以被滿足。)然而，我這樣闡述條件(1)並不是因為納什的緣故，而是因為哈桑尼(John Harsanyi)、謝林(Thomas Schelling)及澤爾滕(Reinhard Selten)這三位社會學家，是他們改進了納什均衡的概念，使得它能夠應用在納什自己闡述的條件不能滿足的情況下。

請注意，條件(1)同樣是無法單獨成立的。有可能

會出現這種情況：如果每個人都認為，其他所有人都會以機會主義方式行事，那麼為了各自的利益，每個人都會以機會主義方式行事。在這種情況下，不合作也是一種納什均衡，這意味着一個關於「該協議不會被遵守」的、自我強化的信任體系形成了。説得略微非正式一些，納什均衡就是各方的一套行動方案(行動策略，如果用經濟學的術語來説)，其中，在其他各方均能遵循自己的行動方案的前提下，沒有任何一方有理由偏離其行動方案。作為一個普遍原則，社會中存在的納什均衡的數量會多於一個。有些能夠達到預期的結果，有些則不能。每個社會所面對的根本問題是去建立這樣的制度：在該制度下，條件(1)和條件(2)能夠適用於保護和促進其成員利益的約定。當我們研究經濟學對於國家的理想角色的看法時(第八章)，關於這些利益，我們還有很多要補充説明。

如果把條件(1)和條件(2)結合在一起，則需要各方之間大量的協調行為。為了探尋能夠預期達到哪一個納什均衡(如果真的可以預期有納什均衡能夠被達到的話)，經濟學家們對非納什均衡中人們的行為進行了研究。這是要用模型表示出人們對下列內容形成信念的方式：這個世界是如何運轉的，人們的行為方式是怎樣的，以及人們是如何在自己觀察的基礎上來修正自己的信念的。這是要跟蹤這些信念的形成模式所帶來的結果，以此來檢驗，該模型是否隨着時間的流逝而趨近於

納什均衡，或是否以其他方式運行而不趨於均衡。

這項富有挑戰性的研究計劃已經得出了一個一般性的結論。假設在某個地區的經濟環境中存在不止一個納什均衡，那麼哪一個均衡將被預期達到——如果這個經濟體最終將趨於均衡的話——則取決於人們在過去的某一時點所持有的信念。這還取決於人們從過去的這一刻開始，是如何在自己觀察的基礎上，修正自己的信念的。但這卻是用另一種方法來表達歷史是在起作用的。我前面提到的那種敘述式的實證經濟學，在這裏就變得不可或缺了。模型的建立、對與模型相關的數據所進行的統計學檢驗，以及史實性敘述，必須協同性地發揮作用，我們才能夠更好地理解我們的社會性的世界。不幸的是，對於非均衡行為的研究會將這篇專述拖得很長。因此我只是不時地提及這方面的內容。幸運的是，我們將會發現，對均衡行為的研究會給我們帶來莫大的好處。

在本章開篇，我們看到了相互的信任是合作的基礎。考慮到我們已經了解了納什均衡的多元性，就讓我們來問問，甚麼類型的制度能夠對合作關係起到支持作用。要回答這個問題，就要將人們互相做出可信賴承諾的背景區分開。

相互之間的感情

考慮這樣一種情形：人們彼此之間懷有關愛之

心，而且人們互相關愛的事實也廣為人知。家庭是以感情為基礎的制度中一個最為明顯的例子。違背對關愛自己的人所許下的諾言，會使我們感到傷心。因此我們都試圖盡量不這樣做。然而有的時候，就連家庭成員們也會受到誘惑而做出不當的行為。由於住在一起的人們可以彼此緊密注視，不當行為被捉到的風險是很高的。這就對家庭成員的不當行為起到了抑製作用，即使這種誘惑非常之大。

家庭並不能成為需要各種技能人才的企業。因此，家庭之間就需要找到相互交易的方法。在家庭之間，信任的問題又重新出現。這使得我們去尋找其他的、人們可以彼此信任對方能夠守約的現實背景。

親社會傾向

有這樣一種情況：人們都是值得信任的，或者當別人對他們好的時候，他們也會給予回報。進化心理學家們認為，我們都習慣性地擁有知恩圖報的性格傾向。發展心理學家們發現，親社會傾向可以通過集體生活、角色建模、教育和接受獎懲而形成（無論是今世還是來世）。

我們無須從這兩種觀點中選擇一種，它們並不是互相排斥的。我們具有的諸如羞恥、內疚、恐懼、愛慕、憤怒、得意、互惠、善意、嫉妒等感情，以及我們的公平感和正義感都是在選擇壓力下產生的。文化

有助於形成偏好和期望，以及我們關於何為公平的概念。這些反過來又會影響行為，而每個社會中行為都是互不相同的。但文化的坐標卻可以使我們能夠指認出產生羞恥、內疚、恐懼、愛慕、憤怒、得意、互惠、善意和嫉妒的情形。它們並不會取代這些感情在人類天性中的中心地位。我在這裏試圖探尋的想法是，作為成人，我們並不僅僅對諸如還清我們的債務、付出代價來幫助別人、還一個人情這樣的行為有傾向性，我們也會通過懲罰那些故意傷害我們的人來減輕自己的痛苦，對那些違背協議的人敬而遠之，對那些和違背協議的人混在一起的人蹙眉不悅，等等。通過內化行為準則，一個人將這些行為準則加入其行為的動力之中。簡而言之，他有了一種遵守規範的傾向，無論該規範是個人的還是社會的。當他確實違背規範的時候，羞恥感和內疚感通常都會出現，但如果常常這樣，這種行為就會被他認為是合理的。許下一個承諾對於這個人來說是一種義務，而別人也承認這一點，這對於他來說是至關重要的。

人們在不同程度上都是可以信賴的。當我們克制自己不要去觸犯法律的時候，這並不一定是因為懼怕被捉到。問題在於，雖然親社會傾向對於人性來說並不陌生，但沒有一個社會能夠僅僅依賴它而存在。人們究竟該如何分辨可以信賴一個人到何種程度？如果背叛自己的良心所獲得的利益足夠巨大，

我們中絕大多數人都會去背叛良心。大多數人心裏都有個價格，但很難說清，誰的價格是多少。

每個社會都曾試圖建立這樣的制度：在此制度下，人們有足夠的激勵互相交易。這些激勵雖然在細節上有所區別，但它們有一點是相同的：那些無故違背協議的人要受到懲罰。讓我們來看看，這一點是如何實現的。

法律和規範

這裏有兩種方法。一種是依靠外部的強制執行者，另一種則是依靠共同的強制執行。每種方法都會產生一種特殊類型的制度。根據要從事的事業性質的不同，人們會採用二者之一。方法一的正式說法為法治，而方法二則為社會規範。富裕世界的人們主要依靠前者，而貧窮世界的人們在很大程度上依靠後者。接下來，我們將研究這個論點：富裕世界的人們現在之所以富裕，正是因為他們在多少個世紀以來能夠在很大程度上依靠前者。

我將借助一個關於雙邊協議的數字案例，來解釋這兩種強制的執行方式。這些數字能夠讓我們很容易就豁然開朗。這個例子本身以「包買主制」的生產方式為基礎，這一制度在17至18世紀的歐洲和今日貧窮國家的手工業中極為普遍。這種制度稱得上是一種主僱制，但為了我們的說明目的，這裏可以將其看作一種合作關係。

假設有一個人A，他擁有一些流動資本（例如，原材料），對他來説價值4000美元。A與B熟識，B具備利用這些流動資本來生產市場價值為8000美元的商品的技術，A則不具備這種技術。然而，A有市場准入權利，而B卻沒有。於是A提議，將他的資本預支給B，並約定，當B生產出這些商品時，他就會把它們賣掉，並與B共享收益。如果B不願這樣為A工作，她將用她的時間，來為自己的家庭生產對於她來説價值2000美元的商品。為了讓B接受他的建議，A提出了一個被他的傳統視為神聖的收益分享規則：所得的這8000美元，首先全部用來補償雙方的成本——A得到4000美元（A從對其流動資本最優的使用方式中獲得的數量，這被經濟學家們稱為流動資本的機會成本），B得到2000美元（這是B的時間和精力的機會成本），而剩餘的2000美元將在二人之間平均分配。A得到5000美元，而B得到3000美元。每個人都會從這種安排中獲得1000美元的收益。

　　B認為這個提議非常公平合理，但其擔心一件事情：為甚麼她應該相信A不會違背在協議中的承諾，將所有的8000美元據為己有呢？

外部的強制執行

　　這裏有一種可行的方法，能夠使B相信A：該協議能夠為一個業已確立的政權組織所強制執行。在很多

社會中，部落的酋長、村落或宗族的長者，以及軍閥們會強制執行協議，並對爭議做出裁決。在這裏我們設想一下，這個外部強制執行者是國家政權，而該協議是擬好的法律合同。我們將這個在不會違反法律的國民們中默認的「社會契約」加進該清單中。但是，如果這些契約意在提供一種切實可行的行事方法，則那些違約行為應該是可認定的；否則的話，當外部強制執行者被要求進行裁定時就會無從下手。當然，像貝基父親一樣的律師會過着很富裕的生活，這是因為這種認定是一個很困難的過程。一個粗略的估計表明，在美國，每年在法律行業(律師、法官、調查員)、保險從業人員(損失理算師、保險代理人)以及執法部門(警察)上的支出高達2450億美元，這相當於美國GDP的2%左右；而且我這裏還沒有將人們對可能發生的訴訟、入室搶劫和盜竊而採取的防範措施包括進去。

我們把在違約行為的認定中所發生的問題擱置一邊(不過可以參考第四至第五章)，來注意一下，如果相比起A所面對的誘惑，國家政權對違反契約做出的懲罰要更加嚴厲，那麼A就會受到威懾而不敢這樣做。如果B深知這種威懾力，那麼她也會相信A不會背信棄義。在貝基的世界中，管理市場交易的法規是在合同法中體現的。像金融機構那樣，貝基父親的事務所是一個法人實體，他可以通過它來積累自己的養老

金，為貝基和薩姆的教育進行儲蓄，等等。他和他的事務所有一份僱傭合同。他在儲蓄和養老金制度上所達成的協議是法律合同。甚至當某個家庭成員去雜貨店購買的過程(無論是用現金還是用卡付賬)也涉及法律問題，法律能夠為雙方提供保護(在錢是偽鈔或信用卡無效的情況下，保護雜貨店老闆；在產品被證明是次品時，保護買主)。人們在需要時出出進進的、規範的市場之所以能夠正常運轉，正是因為那裏有一個複雜的法律框架來強制執行這種被稱為「購買」和「銷售」的協議。此外，正是因為貝基的家庭、雜貨店老闆和信用卡公司都有信心地認為，政府有能力和意願來強制執行合同，他們才能夠在一起進行交易。

既然強制執行合同要涉及資源，這種信心又以何為基礎呢？畢竟，眼下的這個世界已經證明，各種各樣的政權都是存在的。一種答案是：在一個正在運行的民主政權中，政府會為其名譽擔憂。一個自由的、無孔不入的新聞媒體有助於使政府變得審慎起來，並相信政府的無能和腐敗會意味着其統治的結束、下一屆大選的來臨。請注意這如何涉及一個系統，此系統將彼此對能力和意願的信任聯結在一起。貝基的國家中，數以百萬計的家庭都相信(或多或少地)他們的政府能夠強制執行這些協議，因為他們知道，政府的領袖們清楚，不有效強制執行協議的話，將意味着被趕下台。對於他們來說，一個協議的雙方都相信另一方

不會違約(再一次，或多或少地)，因為他們都知道，對方同樣知道可以信任政府會強制執行協議。如此等等。那些違反合同者會受到懲罰的威脅(一筆罰款、一次入獄、被解僱，等等)，信任以此來維持，這裏的合同可能是法律合同(貝基父親的僱傭合同)，也可能是社會合同(選舉人和貝基所在世界的政府所達成的維持法律和秩序的契約)。我們生活在信任的世界中，這些信任是自發結合在一起的(我們前面所說的條件[2])。

我剛才所講到的僅僅是一個論題的綱要。整個論題和另一個十分相似，後者則證明了，社會規範同樣提供強制執行協議的途徑。所以我們就來詳細地說說它。

共同的強制執行

儘管德絲塔的國家也有合同法，但她的家庭卻不能指望它。最近的法庭都遙不可及，附近也沒有律師。因為交通運輸費用十分昂貴，她的村子就像一塊與世隔絕的飛地。這裏的經濟生活超出了正式的法律體系所控制的範圍。然而，德絲塔的父母依然在與別人進行交易。為葬禮進行儲蓄就相當於說「我接受社區保險計劃的條款和條件」。因為他們居住的地方並沒有正規的信貸市場，村民們以一種互惠的方式來達到平衡消費的目的。最近的一項調查發現，在尼日利亞的一組村落樣本中，幾乎所有的信貸交易都是在親

戚之間，或是在同村的家庭之間進行的。沒有書面合同，還貸的日期和金額也並未在協議中明確。社會準則被默認地遵守了。這些貸款中只有不到10%沒有清欠完畢。

為甚麼這些村民會彼此信任？他們這樣做，是因為協議是被共同強制執行的：來自社區成員們的、「要嚴厲制裁那些協議違反者」的威脅，將會對每個人起到震懾作用，這樣他們就不會違反協議了。這是在貧窮世界中進行交易的共同基礎。例如，在尼日利亞科夫亞地區的農民當中，農田是私有化的，但一旦莊稼被收割完畢，人們可以獲准在這裏自由地放牧。像德絲塔的家庭一樣，科夫亞地區的家庭也在致力於生存農業，因此勞動者並不會被給付工資。然而，與德絲塔的家庭不同的是，科夫亞人制定了在私田上的集體勞動制度。雖然其中的一部分是以8至10人的小組形式組織起來的，但也存在全社區性的集體勞動。一個沒有正當理由而無法提供所需勞動定額的家庭，將會被要求繳納罰款(這裏的罰款是成罐的啤酒)。如果罰款沒有繳清，這個有過失的家庭就會受到禁止參加集體勞動甚至被驅逐的懲罰。在另一個不同的環境下，巴西北部的沿海村莊中也有用來保護漁業的規章制度。違反規章的行為將會受到不同程度的制裁，包括受到孤立、漁具被破壞等等。

共同的強制執行是如何使協議得以維持的呢？我

們大可以説是因為機會主義者會被加以制裁，但為甚麼這種威脅值得相信呢？如果制裁是社會行為規範的一個方面，它就是值得相信的。為了看看這是為甚麼，我們來假設一下：在當前，所有各方都能夠觀察到每一方究竟是否恪守協議。毫無疑問，這是一個非常有力的假設，但就「可認定性」來説，這是一個很有用的起點。一旦我們從這裏得出結論，我們便能夠推知在這個假設連不嚴格成立都算不上的情況下，這些社區是如何對其制度做出調整的。任何曾經造訪過貧窮國家的村莊的人都會知道，在這裏，隱私根本算不上一種基本權利。在我所走訪過的熱帶村落中，農舍是以這樣一種方式建造和聚集起來的：人們想要阻止別人觀察到自己在做甚麼，那一定很困難。

說到社會規範時，我們指的是一種為人所接受的行為規則。行為規則一般是這樣説的：「如果你做Y事，我就會去做X事」；「如果Q事發生，我就會去做P事」等等。一種行為規則要成為社會規範，就需要在所有其他人都依據它行事的前提下，依據它行事會符合每個人的利益。也就是説，這種行為規則符合納什均衡的條件。為了看看社會規範是如何起作用的，讓我們回到我們的數字案例，來研究一下在長期關係基礎上的合作是否能夠在A(現在我們將其稱為僱主)和B(現在我們將其稱為僱工)之間保持下去。

想像一下，在A和B之間發生交易的機會被預期正

在不斷上升，例如，逐年上升。假設B在生產她的產品上花費的時間不超過一年。用t來表示時間。那麼t的值就是0,1,2，……依此類推，直到無窮。0代表當前年份，1代表下一年份，2則代表再下一年份，依此類推，直到無窮。雖然在未來年份中，通過合作所獲得的收益對於A和B雙方來說都很重要，但這些通常會低於當前收益的重要性。畢竟，一方在未來不復存在，以致合作無法繼續的可能性永遠存在；事情的情況也可能發生變化，例如A不再擁有對其資本流動的控制。為了將這個想法公式化，我們引入一個正數r，用它來衡量每一方對未來合作收益的貼現率。（我們將在本案例中了解到，B的貼現率是多少是無關緊要的。但為了闡述上的方便，我在這裏假設雙方對未來成本和收益的貼現率都是r。）這種假設是說，在對當前年份($t=0$)進行計算時，每方都會用一個除數$(1+r)$（這一項代表$(1+r)$自乘t次）來除他/她在未來年份 t 中所獲得的收益。因此，如果r是一個正數，則對於所有未來年份 t 而言，$(1+r)^t$大於1；而且，由於在當前年份做出計算時，第 t 年所獲得的收益要被$(1+r)$除，因此在目前看來，這些收益的重要性每年會以固定百分比 r「縮水」。r的值越小，在未來年份合作所獲收益的重要性就越大。我們現在就來證明，在r值很小的前提下，雙方將會在大體上成功地達成長期合作關係——每年A給B 4000美元，將B所生產的產品以8000

美元的價格出售後，再付給B 3000美元。關於長期合作關係的正式理論是由數學家奧曼（Robert Aumann）和夏普利（Lloyd Shopley）所提出，再由弗登伯格（Drew Fudenberg）、馬斯金（Eric Maskin）、魯賓斯坦（Ariel Rubinstein）等經濟學家所發展的。我在這裏所展示的是該理論如何起作用的一個例證。

來考慮一下A有可能採取的以下行為準則：(i)以將4000美元預支給B為開端；(ii)如果B在當年生產出了產品，就將產品出售；(iii)根據協議，分享成果；(iv) 只要雙方都不違反協議，就每年一直這樣進行下去；但是(v) 如果出現任一方首次違反協議，就永久性地中止合作關係。類似地，考慮一下B有可能採取的以下行為準則：只要雙方都不違反協議，就誠心誠意地為A工作；但一旦任一方首次違反協議，就永遠不再為他工作。這兩種行為準則體現了一種共同的精神：以合作為開始，並且在沒有任一方背信食言的前提下繼續保持合作，但只要有任一方首次違反協議，就將永久性地停止合作。在這裏，停止合作就是制裁的方式。博弈論學家將這種最無情的準則稱為「冷酷策略」，或簡稱冷酷。我們接下來將證明，在r的值不是很大的前提下，冷酷策略能夠維持這種長期合作關係。

首先來考慮一下B。假設A採取了冷酷策略，而B也相信他的確這樣做了。在第0年的年初，他將自己的資產轉給B。B的最佳行動方案很明顯：遵守協議。

這是因為，假設她違反了協議，那麼她將失去1000美元(用她的3000美元的收益分享減去她通過在家自產產品能掙到的2000美元)，而且在未來的任何年份中得不到任何收入(回憶一下，A採取了冷酷策略)。這意味着，如果A已經採取了冷酷策略的話，那麼無論B的貼現率是多大，她除了採取冷酷策略外別無它途。

而更有難度的推理卻在A這一邊：假設B採取了冷酷策略，而A也相信她的確這樣做了。如果他將流動資本預支給她，她就會在第0年誠心誠意地為他工作。現在A不知道該怎麼做好了。如果他違反協議，他會獲得4000美元的利潤(用8000美元減去他可以通過其資本掙到的4000美元——即使他並沒有與B展開合作)。但既然他已經相信B採取了冷酷策略，他也必須相信，B將以不再為他工作的方式來回擊他。因此，抵消了1年內的收入4000美元之後，淨損失是1000美元(這是他所放棄的本該來自合作關係中的利潤)。這一損失在第0年度計算的話，是$(1000/(1+r) + 1000/(1+r)^2 + 1000/(1+r)^3 + \cdots)$美元，可以證明它的值是1000/r美元。如果1000/r美元大於4000美元，那麼要是違反協議的話，就不符合A的利益了；這意味着，他除了自己也採取冷酷策略以外，沒有甚麼更好的選擇。但是，當且僅當r小於1/4或25%(每年)時，1000/r美元都會大於4000美元。這樣一來，我們就證明了：當r小於25%時，如果另一方採取冷酷策略，那麼對於

每一方來說，採取冷酷策略都是最有利的。但如果雙方同時採取冷酷策略，每一方都不會首次違反協議，這就暗示這個協議會一直被遵守下去。這樣一來，我們就證明了：冷酷策略可以作為一種社會規範，來維持僱主(A)和僱工(B)之間的長期合作關係。

經濟學家們在社會交易中發現了冷酷策略存在的證據，但似乎在大多數情況下，它還是會在人們能夠接觸正規市場的前提下起作用。然而，在德絲塔的世界中，冷酷策略就不是那麼顯而易見了。制裁是分級進行的，在首次違約的時候會受到輕微的懲罰；如果再犯，則會受到較為嚴厲的懲罰；屢犯不改者則會受到更嚴厲的懲罰；依此類推。我們如何解釋這種現象呢？

在正規市場和長期合作關係共同存在的情況下，冷酷策略將會被預期生效。冷酷策略包括永久制裁，而這是用來防止人們在短期內機會不時出現時，採取機會主義行為的一個必須的手段。但是，如果除了長期合作關係以外沒有太多替代選擇(正如在德絲塔的村莊中那樣)，那麼社區合作式的安排對於所有人來說都有很高的價值。如果人們對未來合作收益的貼現率很低，採取冷酷策略就是一種不必要的行動了。出於這個原因，實際上採取的規範中包含了很多嚴厲程度低於冷酷策略的制裁。一次輕微的違約行為，可以被理解為是違約者的過失，也可以被理解為「試水行為」(看看是否有別人

在關注)。這正是為何分級制裁制度經常可見的原因。

接下來則是我們的一般性發現:如果人們對未來合作的收益足夠看重的話,社會行為規範就可以起到維持合作關係的作用。可以預料,具體的條款和條件將隨着時間和地點的變化而有所不同;它們的共同之處在於,這種合作關係是共同強制執行的,而不是外部強制執行的。

然而,這裏卻有一條壞消息:即使人們對未來合作的收益相當看重,他們仍然有可能最終未能實現合作。如果想知道原因,就來設想一下每一方都相信所有其他各方都會違背協議的情況。這樣一來,立即違背協議就成了最符合各方利益的選擇——這意味着不會有合作出現。即使在我們的數字案例中 r 小於25%,相當於不合作的行為仍然是一個納什均衡:A不會將價值4000美元的原材料預付給B,因為他知道B不會為他工作;B也會拒絕合作,因為擔心A不會按照承諾與她收益共享;假設A的確不打算在她生產出這些產品之後,與她共享8000美元的收益,那麼這樣的擔心是很合理的;如此等等。未能達成合作的原因有可能僅僅是出於這一對略顯不幸的、自我強化的信任,別無其他。毫無疑問,是這種共同的懷疑攪黃了合作,但這種懷疑從本質上講是一致的。簡單説來,即使存在能夠讓人們合作的合適的制度,人們也不一定就會這樣做。他們是否合作,所依賴的除了相互信任,別無

其他。我在多年前就知道了這個結論，但仍舊發現，這是社會生活中的一個令人驚訝而忐忑的事實。

如果 r 大於25%的話，雙方還會形成合作關係嗎？答案是「否」。因為冷酷策略是徹頭徹尾地非寬恕性的，沒有其他一種規則會對一次輕微的違約行為加以更嚴厲的制裁。如果B採取冷酷策略，那麼A所面對的違約誘惑要比在B採取其他行為規則的情況下小得多。這就是說，當 r 超過25%時，沒有一種行為規則能夠維持這種合作關係。對冷酷策略的研究用處很大，因為它在很多案例中（比如現在這個案例）都使得我們能夠確定可能達成合作的最大的 r 值。

現在我們手裏有了一樣工具可以用來解釋一個社區是如何從合作轉向不合作的。生態壓力——例如，由於人口增長和長期乾旱所引起的——往往導致人們為了土地和自然資源而爭得不可開交（第七章）。政治上的不穩定——內戰是它的極端情形——也會使A和B共同擔心A的資本資源會被損毀或充公。此時，A會將在與B合作中所獲得的未來收益的貼現率提高。類似地，如果這兩個人擔心，他們的政府正在為了加強其自身的權威性而偏向於消滅社區合作制度，那麼 r 值也會變大。無論是出於何種原因，如果 r 超過了25%，這種合作關係將分崩離析。數學家們將這個轉變點稱為分歧點。社會學家們稱之為引爆點。只有當人們有理由來重視未來合作所帶來的收益時，社會規範才會生效。

當前的很多例子都證明了這一點。人們觀察到在非洲撒哈拉沙漠以南的一些動亂地區，當地的制度正在趨於崩潰。曾經的公社管理制度一度保護着撒哈拉地區的森林免遭不可持續的利用，但這一制度已經被急於在農村人口中樹立威信的政府破壞掉了。薩赫勒地區的官員們在林業學方面並沒有甚麼專長，也沒有足夠的力量來監督誰從森林裏面拿走了甚麼。這些官員們很多都腐化墮落了。鄉村社區無法完成從公社治理到法律治理的轉變：前者已經遭到破壞，而後者並沒有真正發揮作用。這兩者的缺失對於將其生活構建在森林和林地周圍的人們來說，有着巨大的負面影響。

不祥的是，國家政權能夠通過微妙的途徑，把一種共同信任的狀態轉變為一種共同失信的狀態。我們關於A和B之間的合作關係的模型業已證明了：當r值低於25%時，合作與不合作都是一種均衡結果。因此，這個例子告訴我們，一個社會完全可能僅僅是因為信任上的改變而從合作轉向不合作。這種轉變可能與任何可觀察到的情形變化毫無關係，行為上的全部變化有可能都是在人們的頭腦中被觸發的。這種轉變可能是突然地、毫無預料地發生的，這正是它不僅無法預料，而且會導致驚訝和失望的原因。原本早晨起床時還是朋友的人們，到了中午可能就會彼此交戰。當然，在實際中，還是能夠發現蛛絲馬跡。流言蜚語和虛假宣傳使得人們的信任發生了轉變，它們將原本

人們互相信任的社會變成了一個與此相反的社會。

　　相反的轉變也可能發生，但它所花的時間就要長一些了。重建一個曾被內戰蹂躪的社區，就涉及信任的建立。相比起合作，不合作所需要的各方面的協調要少一些。不合作，經常意味着退出合作。為了重新合作，人們不僅必須相信彼此都會合作，而且必須在一種所有人都理解的社會規範上進行協調。這正是為甚麼毀掉一個社會比建立一個社會要容易得多。

　　怎樣才能把合作的增加或減少，用宏觀經濟數據表示出來呢？我們的數字案例抓住了其中顯著的一點。合作的增加，會使得更加有效率的資源配置方式得以出現，從而提高收入水平：在合作的前提下，A的流動資本能夠被更好地加以利用，B的勞動力也是如此。現在來考慮一下兩個在各方面完全一樣的社區，唯一的不同在於：在一個社區中，人們最終在互相信任的某一點達到均衡；而在另一個社區中，人們最終在互不信任的某一點達到均衡。這兩個經濟體的區別將會被體現在它們的全要素生產率上：人們互相信任的社區的全要素生產率較高，而人們互不信任的那一個的則較低。其他條件相同時，前一個經濟體中的人們享受着更高的收入，因此有能力把更多的收入分配到資產累積上去。因此這裏的GDP增長率要更高。從這些統計數據來看，互相信任可以被解釋為經濟增長的一個動力。

社區和市場

　　現在正在相互影響的人們，當初是怎樣聯繫在一起的呢？在德絲塔的村莊，這個答案非常簡單：他們大多數從出生時開始就彼此相識了。在社會規範的基礎上，保持長期關係的人們——簡而言之，就是社區——需要至少是間接地通過自己的熟人來彼此相識。以德絲塔的父親為例，他認識他所屬的社區保險計劃中的大部分成員。這一家人也認識與他們共享當地公產的人們。社區是基於個人和排他性之上的。成員有各自的名字、個性和種種特點。外部人的話語沒有內部人的有效。

　　相比之下，由合同法強制執行的交易具有的突出特點是：它們可以在彼此並不相識的人之間發生。在貝基的世界中，人們是可以自由流動的，這一行為模式與他們可以與素不相識的人進行交易，並不是毫無關係的。貝基常常不認識鎮上購物中心百貨商店裏的售貨員們，他們也不認識她。當貝基的父母從銀行貸款時，他們所得到的資金來自並不認識的儲戶。事實上，每天有數以百萬椿的交易，發生在並不相識以後也永遠不會相識的人們之間。這種交易僅僅發生一次，與那些建立在長期關係基礎上的交易完全不同。市場，就是提供這種機會的基本制度。與社區形成對比的是：市場是非個人的，非排他的。別忘了這句耳熟能詳的俗語：「我的錢和你的一樣好用。」

產權

一件物品的產權，是關於其用途的權利、限制和特權。這個題目是經濟學的核心，因為它與人們以一種而非另一種方式使用商品和服務的激勵密切相關。一件物品的產權如果界定不明確，通常會帶來不好的消息，因為那樣將沒有人能夠完全地攫取本應從中獲得的收益；換另一種方式來說，將所有情況綜合考慮，沒有人會有將這件物品加以最有效利用的激勵。簡而言之，我們將假設一件物品的所有權包括：(i)以物主選擇的方式來使用它的權力；(ii)用其來交換其他物品(通過將其出售或出租)，或將其作為贈品贈與他人的權力。

提到產權，我們並不應該僅僅着眼於私有財產。在德絲塔的村莊中，有一些東西是共同擁有的。德絲塔的社區在歷史上就對它們擁有權利。這些東西被稱為「共有財產資源」(CPRs)，也簡單稱為「本地公產」。共有財產資源經常指自然資源(牧場、水塘、林地、海邊的漁場、紅樹林沼澤地等)。但生產出來的商品也可以成為共有財產資源。例如，我們知道，貧窮國家小部分水嶺地區的村民們搭建起的集水裝置，兼有灌溉水庫及養魚的用處。這些水庫是以集體努力搭建和維護的，被村民們視為共有財產資源。共有財產資源在公共管理的情況下，並非是對所有人開放的，而是僅僅面向那些從歷史上就對其擁有權利的人。因

為涉及它們的交易通常不以市場價格進行，它們的命運可能並未在國家經濟賬目中留下記錄(第七章)。

圖5　孩子在從本地公產中撿柴火

　　然而，關於對共有財產資源的用途進行管理的制度，這裏還有一條壞消息。對共有財產資源產品的權利，常常是以私人土地所有制為基礎的：富裕的家庭享受着更多的本地公產所帶來的收益。在印度，對共有財產資源中更有生產價值的部分的准入權常常僅由某些家庭世襲。婦女有時也被排除在外，例如被排除在公共林地之外，這種情況也見於記錄。社區也有可能會像市場一樣無情。

共有財產資源應當與開放獲得的資源區分開來。後者的範疇包括了那些屬於所有人的商品，這意味着它們並不屬於任何人。除了「大自然的事實」的那個案例(第五章)以外，某人生產了一些產品而允許別人無償使用它們，這並不常見。這就是為甚麼開放獲得的商品通常都是無約束的自然資源，例如大氣層和公共海域。

　　甚至當所有權並不存在爭議時，也可能會有財產管理不善的局面出現。舉例來說，如果它的擁有者們無法達成合作(一種未管理的共有財產資源)，如果財產的管理者們依賴不道德的行為(用可疑的會計處理來誇大公司的利潤)，或者如果公司的管理層做出了不符合股東利益的決策，前述的情況就會出現。只要社區成員未來合作收益的貼現率不是太高的話，就可以通過社會行為規範來確立關於共有財產資源使用的集體協議的可信度。那麼，為甚麼人們通常無法在對開放獲得的資源的使用上達成協議呢？答案在於，這種合作涉及了太多的有不同需求和意願的人們。而且，如果發現了更廉價的方式來提取自然資源，如果經濟增長伴隨着越來越多必須找到合適排放空間的廢棄材料，那麼在開放獲得的前提下提取率就會增加。這些因素就解釋了，為甚麼公海中的漁場和作為碳氧化物排放「下水道」的大氣層目前處於極大的壓力之下。開放獲得的資源被過度利用，因為沒有人需要為其使用權付出代價。

一件商品的所有權是屬於個人還是集體，是否是「開放獲得」的，在部分程度上取決於該商品的自身屬性。流動性強的資源是很難私有化的，但阻止其中的一些變成開放獲得的資源還是有可能的。人們知道，社區會將河水共享。海岸邊的漁場也經常屬於共有財產資源。協議是靠外部的強制執行者，還是共同的強制執行來維持的，這就要看事情發生的背景了。

這些都並非偶然：德絲塔家庭的收入多達20%來自本地公產，而貝基家周圍的共有財產資源為這些家庭提供的最多不過是野炊用地而已。歷史研究告訴我們，隨着經濟的增長，共有財產資源的重要性在下降。下降的原因是，商品和服務的相對稀缺性隨着經濟增長在發生變化。相比起製造資本和人力資本，土地的規模是相對固定的。而且，科學技術的進步使得越來越多的對土地更加有效的利用方式成為可能。有些人想要為了某一種目的來開發土地，而其他人則是為了另外的目的。當社區在以土地為基礎的共有財產資源的使用上越來越難以達成協議的時候，私有化的動力就產生了。

商品和服務：分類

當兩件物品碰巧有所差異時，最好將它們區分開。通常，商品和服務是通過其物理和化學屬性來彼此區分的(例如，飲用水和小麥是不同的)。一般來

說，人們都會承認：商品和服務同樣應當通過其所在地域來彼此區分，正如那句略帶輕蔑語氣的「某人正在往紐卡斯爾運煤」中所暗示的那樣。這樣一來，撒哈拉地區的飲用水就是與阿拉斯加的飲用水完全不同的一種商品了。經濟學家林達爾(Erik Lindahl)在很多年以前就證明了，為了真正了解借貸、儲蓄、貸出和投資(第六章)的意義，我們理應將商品和服務通過其出現的日期來彼此區分。既然今天的飲用水與明天的飲用水是不同的商品，我們就應當承認其中的區別。從林達爾的敘述中可以推得的結論是，一件耐用商品應當被看作是它被預期能夠在長期內提供的服務的流量。

經濟學家阿羅(Kenneth Arrow)證明了，商品應當更加細致地彼此區分。他提出，為了真正理解保險和股票市場，我們也應將商品和服務按照其出現的不確定情況來進行區分。從林達爾的敘述中可以推得的結論是，明天天冷情況下的飲用水和明天天熱情況下的飲用水是不同的商品。

計劃未來，就要求我們為了將來的日子在商品和服務上做好準備。當貝基世界中的一個交易者買入小麥期貨(這是指，他現在花錢買了一蒲式耳小麥，而這一蒲式耳小麥將在，比如說，6星期之內交割)，他就買入了某一種品質(顆粒大小、水份含量，等等)的小麥，而無論發生甚麼情況，小麥都要在6星期之內交割。而將玉米儲存在家裏的德絲塔的父母，則在力圖

保證一家人在直到下一個收穫季節臨近之前，無論如何都能夠有玉米吃。根據林達爾的分類方法，那個交易者和德絲塔的父母都在購買「時間商品」。但不可避免地，未來是不確定的。通過每年繳納房屋財產保險金，貝基的父母為他們的房屋購買了一份下一年的替代品——當且僅當他們的房屋被毀掉時。(如果到本年年末，他們的房屋完好無損，他們就得不到任何賠償。)他們所購買的商品是：一幢在下一年用以替代目前房屋的房屋——當且僅當他們的房屋被毀掉時。用阿羅的術語來說，他們正在購買一種「應急商品」。

私人品、公共品與外部性

經濟學家們所說的私人品是指：一件商品，對它的使用是競爭性的和排他性的。食物，就是一種非常典型的私人品。如果某個人從固定數量的食物中多吃掉了一單位的食物，那麼所有其他人加起來，就要少享用一單位的食物(這就是「競爭性」)；而且，只要一個人擁有食物的權利得到保護，他或她就能夠將別人排除在外，不允許他們來享用(這就是「排他性」)。我們正在享用或使用的商品，從這個意義上來講，是私人品。與之形成強烈對比的公共品則是指：一件商品，對它的使用是非競爭性的和非排他性的。立刻映入頭腦中的是國家防禦。如果一個國家有了保護自身不受攻擊的裝備，它並不僅僅保護業已居

住在這裏的人們，也同時會保護來這裏居住的任何一個人，而不用多花一分錢(這就是「非競爭性」)。此外，它也不可能將來這裏居住的任何人排除在這種保護之外(這就是「非排他性」)。同樣存在「劣等」的公共品，從造紙廠中排放的污水就是一個很好的例子。

公共品與開放獲得的資源截然相反。與被過度使用的開放獲得的資源形成對比，如果人們為所欲為的話，公共品將是供給不足的。經濟學家威克塞爾(Kunt Wisksell)和薩繆爾森(Paul Samuelson)將這種供給不足的原因歸結為，人們所固有的、在別人碰巧所做出的準備中搭便車的激勵。問題的關鍵在於，一件公共品一旦被提供，那麼它就成了一件能夠開放獲得的商品。但是，私人提供這件商品的激勵卻沒有將這種收益考慮在內。威克塞爾和薩繆爾森主張，這一問題只有通過集體行動才能得到解決。這種行動有兩種方式：(i)公共提供，(ii)公共補貼下的私人提供。當一件公共品的地理範圍受到限制時(小分水嶺地區所覆蓋的森林、當地的排水系統)，這裏的「公共」就可以指社區或當地的政府。在兩者中任何一種情況下，我們都涉及了當地的政治領域。在德絲塔的世界中，當地的公共品通常由社區來提供；而在貝基的世界中，這是當地政府的責任。而市場在這兩個世界中都沒有起帶頭作用。當公共品限於一個國家的界限之內時(例如國家防禦)，集體行動就意味着國家政權的介入，這就

是國家政治。當公共品是非限制性的時候(影響氣候的全球循環系統),集體行動就意味着世界社區的介入,這就是國際政治。

公共品的私人提供問題帶來了一種效應的極端形式,這種效應的極端形式被稱為外部性。提到外部性時,我們指的是某個決策對並不屬於該決策任何一方的人們的影響。在一些情況下,這些影響是有益的(它們被稱為正的外部性);而在其他情況下,這些影響是破壞性的(負的外部性)。初等教育和公共衛生措施都會帶來正的外部性。如果我變得能識字,那麼我受益了;對於其他業已能識字的人來說也是這樣,因為他們現在可以用非口頭方式與我交流了。類似地,如果我接受了預防某種疾病的注射,那麼我受益了;對於其他那些容易受這種疾病感染的人來說也是這樣,因為他們再也不會受到被我傳染的威脅。現在想像一下,如果教育和接種疫苗都被制度化為私人品,那麼每個家庭都會對其投資不足,因為沒有人會考慮到這些將帶給別人的益處。

與此相反,高速公路上的擁堵和城市上空瀰漫的硫氧化物則包含了負的外部性。如果你在高速公路上開車,大概你是會受益的;但你同時也加重了道路的擁擠程度,導致其他人在高速公路上受罪。類似地,當你的車子排放出硫氧化物,生活在同一天空下的其他人也會遭受損失。每一個這樣的案例都涉及搭便車

問題，這一問題如今多被政治評論家們提及。搭便車和外部性密切相關的提法由來已久。經濟學家庇古（A.C. Pigou）在20世紀20年代就注意到了這個問題，他積極倡導運用稅收和補貼來降低負的外部性的私人供給和增加正的外部性的私人供給。

貨幣

　　提到生存農業時，經濟學家們着眼的是自給自足的農業家庭。德絲塔的家庭並不完全是這樣，但也與之很接近了。貝基的家庭則非常不同。她父母的收入被用來獲得家庭消費的商品和服務。這通過一家人在市場上交易來實現。如果你想分項列出貝基一家每年所進行的交易數目，那麼絕大部分——包括的大多是小件商品，例如雜貨——都是即期消費。貝基的世界中，每一筆支付都是用以美元表示的貨幣來完成的。「貨幣」這個詞部分指是的紙幣和硬幣，紙幣和硬幣本身並不擁有任何內在價值。那麼，為甚麼人們要持有它們？為甚麼我們首先需要一種交易媒介？

　　讓我們來虛構一個世界，在那裏所有人都被認為是完全可以信賴的；人們在計算、記憶和識別別人的過程中不會產生任何成本；任何一筆交易——無論是此時此地的，是穿梭時空的，還是含有不確定偶然因素的——都可以毫無成本地完成。在這樣的世界中，人們是可以僅僅在口頭的基礎上進行交易的。這裏並不需要貨幣。

我們並不生活在這樣的世界中。為了知道在我們生活的世界中，貨幣為甚麼是一種交易不可或缺的媒介，先來想像一下：A擁有小麥，B擁有大米，C則擁有玉米。讓我們也假定一下，A偏好大米，B偏好玉米，而C偏好小麥。這時，商品的雙邊交換（更常見的稱呼是「物物交換」）是不可能的，因為經濟學家們所稱的「雙向需求偶合」並未出現。A想要B的大米，但無法與B進行物物交換，因為B並不偏好A的小麥；依此類推。這個例子十分刻板，但它提出的問題卻是非常普遍的。使用貨幣作為一種交易媒介，使得人們即使在「雙向需求偶合」並不存在的情況下，也能夠彼此交易。「金錢」在貝基和德絲塔的世界中都是一種法定貨幣，這是因為她們國家的政府宣稱它是法定貨幣，並用其權威性作為這一宣言的後盾。薩繆爾森構建了一個模型——與我們剛才研究過的那個（關於A和B建立合作關係的）頗有幾分相似之處——來表明：雖然貨幣並不具有內在價值，但人們持有貨幣，是因為他們希望能夠在並不擁有用以物物交換的商品和服務的前提下，就可以購買到商品和服務。因此，貨幣不僅僅是一個交易媒介，而且是一種價值的儲存方式。如果不是生活在貨幣經濟中，貝基一家人就無法生存。基本自給自足的德絲塔一家，也不過僅僅能夠生存而已。但是，我們在因果關係並不存在的情況下，就應當避免把事情的原因歸結於此。如果貝基一家生

活在沒有市場的地方，他們也會設法自給自足。如果她的父親試圖依靠當律師的技能生存，那麼一家人就會變得窮困潦倒。當然，即使是德絲塔的父母也會需要貨幣，從村子周圍的為數不多的幾個市場去購買商品。他們通過出售德絲塔母親釀造的酒和她父親種植的埃塞俄比亞畫眉草，獲得了一些貨幣。

政府發行的紙幣和硬幣，並不是貝基世界中僅有的貨幣種類。商業交易中常常會用到一家銀行開給另一家銀行的支票。既然支票賬戶的餘額也能夠當作交易的媒介，那麼它也是貨幣。當簽署一份合同的時候，相關各方懷有對美元未來價值的某種信念，這裏我說的信念指的是，對一美元在未來所能購買的一籃子商品和服務的信任。這種信任是部分基於他們對美國政府能夠將美元價值控制好的信賴——更準確地說，是信心——之上的。當然，這種信任也是以各種其他因素為基礎的，但重要的一點仍然在於，貨幣的價值能夠保持，正是因為人們相信它能夠保持。類似地，如果出於任何原因，人們擔心它的價值無法保持，那麼它的價值一定不會得到保持。貨幣崩潰，如1922–1923年發生在德國魏瑪政權下的那次，正是信心的減失如何自我強化的一個實例。銀行擠兌具有相同的特徵，股票市場的泡沫和崩盤也是如此。有多種多樣的社會均衡存在，每一種背後都有一套自我強化

的信念存在。貨幣政策最重要的目的之一就是使貨幣保值。

　　貨幣使得交易匿名化成為可能。這些匿名的交易在瞬間就能完成，正如貝基在鎮上購物中心的百貨商店裏購買CD光碟並以現金付賬那樣。每一天，數以百萬計的交易在素未謀面今後也不會謀面的人們之間發生。在貝基的世界中，通過建立對貨幣這一交易媒介的信心，信任的問題在很大程度上得到了解決。

　　因為平整的道路、電力設施和自來水都不存在，因此市場無法滲透到德絲塔的村莊中。與此相反，貝基居住的郊區小鎮植根於一個巨大的世界經濟體中。貝基的父親能夠以做律師為專長，正是因為他確信，他的收入可以用來購買超級市場中的食品、水龍頭中流出的自來水、煮飯爐和電暖器中散發出的熱量。與多樣化的生產活動相比，專業化使得人們能夠生產總量更多的產品。亞當・斯密（Adam Smith）曾做過著名的論斷：勞動分工要受到市場程度的限制。在前面，我們曾提到德絲塔一家人並未進行專業化生產，但在原始狀態下生產出了大量的日常必需品。而且，在社會規範的基礎上，這一家同其他人所進行的很多交易都是出於個人的需要，因此是十分有限的。作為經濟活動的基礎，市場和社區之間存在無數的差別，因為在法律和社會規範之間就存在無數的差別。

文化

我們一直在研究的這些模型抓住了很多我們耳熟能詳的情形的要點——在某些情形下，合作是需要制度(協議的實施安排，它指出了應該由誰來監控誰，誰該去向誰負責，等等)介入的；而在另一些情形下，即使這些制度早已存在，最終出現的結果也可能就是不合作。我們知道，某些制度在一些地方會運轉順利，但在其他地方就並非如此了。一個國家有可能採取一種開明的制度，但它的國民們是否能夠真正接受它，又是完全不同的另一回事了。人們在很多事情中間所做出的選擇取決於他們彼此之間的信任。我這裏詳述的理論並不對這些信任做出解釋；它只是去識別這些信任中哪些是自我強化的。經濟學家們將這些自我強化的信任稱為理性信任。這裏的「理性」並沒有甚麼哲學上的深層含義：理性信任，就是那些自我強化的信任，僅此而已。這些模型已經告訴我們，在大多數的日常情況下，理性信任並非獨一無二的。有些能夠帶來對我們人類的福祉起到保護和促進作用的結果，有些則對其起到阻礙作用。究竟是甚麼導致了某一種理性信任而非另一種理性信任的出現？這有可能是文化嗎？

社會學家韋伯(Max Weber)在他著名的關於文化對經濟發展的影響的著作中，將一個社區的文化而並不僅僅是信仰看作這個社區共同擁有的價值觀和性格傾

向。像韋伯那樣涵蓋廣泛的研究是難以進行歸納總結的，但貌似韋伯自己在其關於清教徒道德規範及資本主義精神的著作中，所偏好的因果關係是：由宗教信仰開始，通過個人的實踐和政治文化來影響制度，由此對經濟上的結果產生影響。

近幾十年來，用文化來對經濟表現的好壞做出解釋，在社會科學家中並不算流行，但是它的確有復甦的跡象。例如，經濟學家們從世界價值觀調查項目中構建了一種社會信任度的測量方法。該調查項目在20世紀80年代初期和90年代初期曾經在40個國家各隨機挑選出1000個人做調查，問他們一般是否會認為大多數人是值得信賴的，或他們是否在與人打交道的過程中盡可能地小心謹慎。如果回答「大多數人值得信賴」，那麼作答人就會被計數。信任就是通過這個人數的百分比來度量的(這兩個調查中做出這樣回答的百分比基本相同)。調查者們通過對比，剔除了被調查國家中人均GDP的差異。這些數據揭示了，信任和司法效率、稅收遵從、官僚機構質量、公民參與、嬰兒成活率、教育方面的成就、大公司業績以及人均GDP的增長，是呈同方向變化的。用統計學的行話來說，它們是正(而且顯著)相關的。意料之中的是，數據同樣揭示了信任和政府腐敗共同變化，但方向相反。這兩個變量是負(而且顯著)相關的。

我們可以從世界價值觀調查中得出結論：信任，

除了對經濟增長有益以外，還對其他幾個良性現象有益。但以上調查卻並沒有指明每個被調查國家中的信任程度為何如此的原因。它也不可能指出這些原因。這就擺出了一個問題。因為信任並非憑空產生，所以它的存在迫切需要解釋。這意味着，並不應該用信任的存在來解釋其他事物的存在。這些統計學發現告訴我們的是：一個經濟體的顯在特徵，比如人們彼此之間的信任度，與經濟發展緊密聯繫。除此之外，它們再也不能告訴我們甚麼別的了。統計學家們曾經反復提醒我們中的某一部分人，相關性和因果關係並不相同。這句提醒，是社會評論家們經常忘記的。

觀察到信任和經濟進步之間的正相關關係是非常有用的，因為我們在這裏一直講述的理論已經對這種正相關關係做出了預言。如果這種相關性是負的，那我們恐怕要目瞪口呆了。那樣我們將會對這些發現提出質疑，回到我們的繪圖板上，要麼將調查重新來過，要麼就得試圖找出數據中所隱含的、能夠對它做出解釋的變量。

以上這一切都和我在這裏一直探索的關於制度的一系列想法一致。長期合作關係常常是下列兩者的替代品：對政府官員能夠提供公共服務的信任與對正規市場能夠充份發揮作用的信心。也許，當其他能夠起到相似作用的制度變得不可靠時，人們就會建立長期合作關係了。

除了關於信任的話題以外，世界價值觀調查還涵蓋了一系列的典型特徵和行為，包括節儉、存錢存物、決心、服從以及宗教信仰。這項調查要求人們指出其中最重要的一項。根據他們的反饋，政治學家們構建了一個用來反映個人的成就動力的文化指數。在其他因素不變的情況下，他們發現，經濟增長的變動和這個個人動力指數變動的方向一致——它們之間是顯著正相關的關係。

　　同樣，我們也不應當將這一發現解釋為因果關係。一個人自我推進的動力很可能在於他對努力工作最終能夠得到回報的可能性的預期。父母們不會將自己的個人志向灌輸給孩子，除非當他們清醒地認識到，這種志向不會為社會秩序所阻撓。婦女們決不會做出格的事情，如果她們(理性地)懼怕因為其魯莽而遭致的報復行為。甚至一種態度也會成為被決定的因素，而非決定因素。當它是前者時，文化(例如節儉)和經濟發展之間那種觀察得到的統計上的關聯，就應當僅僅被解釋為一種聯繫而已，別無其他。我用「文化」這個詞來指代人們彼此之間懷有的信任的區別。從這個角度上看，文化是一種用來協調的工具。

　　對於別人和自己的制度所持有的態度，是一個社會的文化的重要方面。目前我們所研究的模型的重點在於後者。在接下來的部分，我們將通過對社會性影響行為的研究，來關注前者。

社會性影響行為

　　德絲塔所在世界的生育率(TFR)，比貝基所在的
世界高兩倍多(表1)。如此巨大的差異，是甚麼造成
的呢？

　　在第六章中，我們會探究諸如此類的因素：父母
在撫養小孩的過程中的成本與收益，家庭在獲得現代
生育技術和健康保障方面的相對難易程度。這裏我們
將社會性影響行為作為一個可能的因素來重點說明。
遵從性是其中的一個例子。提到遵從性，我指的是模
仿性行為或群體行為。在其他條件相同的前提下，倘
若家庭所歸屬的群體中的平均家庭人口數量越多，則
每個家庭最期望的人口數量就越多的話，那麼生育行
為就是遵從性的。

　　在圖6中，我畫出了一條假想的曲線AB，它反映
了家庭的平均期望生育率(Y)對該社區的生育率(X)的
依賴程度。它是向上傾斜的，因此反映出了遵從性的
行為。我所畫出的曲線AB與45度線在X的3個取值位置
(2、4、7)相交。這個假想的社區將在每一個交叉點上
達到生育均衡：只要該社區的生育率為7，那麼家庭所
期望的平均生育率也是7，但如果X是2的話，家庭的
平均期望值也將是2。因此，遵從行為可以用來解釋多
重生育均衡存在的原因。這意味着，這些彼此隔絕的
社區，雖然在其他條件上幾乎一模一樣，其行為卻有
可能完全不同。在我們的例子中，可能出現的是：一

些社區的生育率是2，但另一些社區的卻可能是7。（生育率為4時也達到了生育均衡，但它並不穩定，這意味着，如果某個社區的生育率與4稍有偏差的話，它會向更遠離4的方向偏移。）

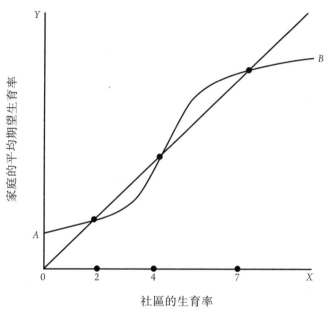

圖6　家庭的平均期望生育率和社區的生育率之間的關係

人們往往會與多個群體產生認同。我們的飲食習慣常常是從父母那裏獲得，我們的工作習慣被我們同行業的人們影響，我們的休閒習慣則受到同一階層人們的左右，而我們的生育目標則取決於我們的宗教信仰或民族背景。我們有可能是出於在乎我們的地位，

才採取遵從的行為，而我們的行為恰恰顯示了我們願意成為群體中的一員。無論這種遵從行為的基礎是甚麼，鼓勵高生育率的習俗的確存在，沒有家庭願意單方面地破壞這種習俗。這些習慣做法也許在過去是有理由的。當時死亡率很高，農村人口密度很低，外來入侵導致群體滅亡的威脅嚴重，而人口流動又受到限制。但是，即使當這些習俗最原本的目的已經消失，它們也可能會繼續存在，特別是當人們需要觀望別人的所作所為才能夠對自己的行為做出決策的時候。

如果各個家庭對自己的行為做出決策時所參照的群體發生了變化，遵從性的行為就會隨時間而變化。即使是在同一個群體中，也有那些嘗試冒險、採取不合群行為的家庭。它們是傳統的顛覆者，常常起到帶頭作用。人口學家們注意到，受過教育的婦女們經常帶頭倡導減小家庭規模。中產階級的行為也可以是變化的導火索。另一個可能更強的途徑，則是報紙、廣播、電視以及互聯網通過傳播其他地區生活方式的信息而施加的壓力。換句話說，媒體可以使得遵從行為的基礎越來越由本地社區向更大範圍的人群變化：所參照的群體擴大了。如果與地理位置較遠的人群表現出越來越強的遵從性，甚至會被錯誤地當成是個人主義的抬頭。我們現在開始接觸到一個叫作人口轉變的理論。我們說的人口轉變指的是，在一個相對短暫的期間內，生育率由高位向相對低位迅速下降。近些年

來，人口轉變的跡象甚至在非洲撒哈拉沙漠以南的部分地區出現，那裏的生育率由7到8之間降低至4到5之間。但在這個大洲，有部分地區的生育率仍然保持在接近8的位置。

沃特金斯(Susan Cotts Watkins)在她關於西歐地區1870年到1960年這一時期人口變化的研究中發現：在婚內生育率在西歐大部分地區大規模下降之前的1870年，各個國家之間的人口行為是大不相同的。各省(郡、縣)之間的生育率也有相當大的差別，即使省內的差別很小。每個國家中都有地域性的聚集群體存在，這說明了當地社區對行為影響的重要程度。但到了1960年，國家內的區別就沒有1870年時那麼大了。沃特金斯將這種行為上的分歧歸結於，在這90年中，全國性政府所能影響的地理範圍擴大了。全國性統一的推廣可能是生育模式擴散的媒介。

時尚和狂熱則是更為曇花一現的群體行為的表現形式。設想一下，所有人都能夠在兩種行為P和Q之間做出選擇。假設每個人的內在偏好都是P，但這群人同時也喜歡遵從。將此用模型來表示就是：假設，如果選擇Q的人預期所佔比例小於65%，那麼每個人都會選擇P而非Q；但如果選擇Q的人預期所佔比例超過65%，那麼每個人都會選擇Q而非P。65%這個比例就是所謂的臨界規模。(數學家們會將這個臨界規模稱為分界線。)再一次，簡單的群體行為將會使得所有人都

採用Q，儘管也可能出現所有人選擇P的結果。有一種動態模型和我剛剛為了描述人口行為轉變而講的這種情形十分相似，它說明了時尚和狂熱能夠在事先沒有太多跡象的情況下消失。

競爭性（「就要比你強」）也可以導致社會性影響行為。德絲塔世界的人們參加的被請求說出「比起過去，你是否更加幸福」調查再次證明了，對於赤貧者來說收入是非常重要的：隨着收入的上升，平均幸福感也在增加。但類似的調查發現，對於那些不僅擁有基本生活必需品，還有大量別的東西的人們來說，收入並不會使他們的幸福感增加。在貝基的世界中，那些相對貧窮的人們的幸福感自然要低些；但即使在這些樣本所覆蓋的時間段中出現經濟增長，他們宣稱的幸福感的分佈也幾乎保持不變。

一種可能的解釋是，當收入水平相當高的時候，一個人的幸福感，是由他的收入在其參考群體的平均收入中所佔的相對位置所影響的。當這樣的一種競爭激勵存在時，接下來發生的將是「老鼠賽跑」式的事業競爭，這導致了資源的浪費。這種多重均衡是有關收入增長率的多重均衡。在每個均衡中，人們在平均水平上變得更加富有，並消費更多的產品，但卻並沒有感覺到更加幸福。

第三章
社區

縱觀歷史長河，人們一直在設計各種巧妙的合作方式。其中的一種方式是，使一個約定中的利益和負擔不僅取決於該約定中所發生的事情，而且還取決於其他約定中所發生的事情。在德絲塔的村子裏，一批極為相似的家庭共同享有本地公產，彼此借錢給對方，參加社區保險計劃，在困難的時候彼此幫助。這裏的有趣之處並不在於同樣的一群人建立一些長期合作關係(他們還能跟誰建立長期合作關係呢)，而是在於這些合作關係是彼此捆綁在一起的。

捆綁的約定

為了看看這種捆綁是如何起作用的，先來假設一下，我們前一章所研究的主僱制中，A(僱主)用貼現率來為與B(僱工)未來合作的收益進行估值，而這個貼現率超過了每年25%(或1/4)。我們知道，因為缺乏信任的緣故，這兩個人不可能形成合作關係。但現在來假設，除了他每年擁有的價值4000美元的流動資本以外，他還擁有另一種流動資本，對於他來說價值3000

美元。B並不擁有使用這種資本的技能，但另一個人C卻可以。這一次，C在將A的資本生產成可以在市場上出售的產品中所需要的時間，對於她來說價值1000美元。像B一樣，C也沒有在市場出售產品的准入權。該產品在市場上出售後可以獲得6000美元，而A的立場則是要促成這一合作。A在考慮，用一個提議來拉攏C，與之形成合作關係：這6000美元將先被用來補償二人，剩餘部分則在二人之間平分。每個人將每年享受到1000美元的收益。r取甚麼值的時候，他們之間的合作關係才是有可能的呢？

　　由於在合作的潛在動機方面，C與在上一個案例中的B相似，我們就不需要把它們再研究一遍了。但我們卻一定要梳理一下A的邏輯，因為數字起了作用。那麼我們從第0年開始。假設C採取了冷酷策略。如果A把他的資本預付給她，但在她把產品生產出來後違反協議，他在當年將獲得3000美元（6000美元減去3000美元）。對比之下，從第1年開始，他每年都會損失1000美元。第1年的損失，按照第0年的標準計算的話，是1000/r 美元；如果1000/r 小於3000，則A會選擇違約。反過來，如果1000/r 大於3000，A的最佳選擇就是自己也採取冷酷策略。由於當且僅當 r 小於1/3（大約是33%）時，1000/r 將大於3000。因此，如果A的年貼現率小於1/3的話，那麼這兩個人將會達成長期合作關係。來假定r小於1/3。那麼A將會與C達成長

期合作關係，與B則不然(回憶一下，r大於1/4，1/3大於1/4)。

我們現在就能夠證明，如果這三個人將這兩組約定捆綁起來，那麼A就可以與B達成長期合作關係。這個動議是：同時創建這兩組合作關係，但前提是，如果任何一方在任何一年中採取機會主義行為，兩組合作關係將同時被終結。為了使這個案例更加規範，令B(或C)採納的行動方案就成了這個樣子：以與A和C(或B)的合作為開端，並且只要沒有人違反協議就繼續合作，但一旦有任何人初次違反協議，就與各方停止合作。相似地，令A採納的行動方案則變為：以與B和C的合作為開端，並且只要沒有人違反協議就繼續合作，但一旦有任何人初次違反協議，就與各方停止合作。合作的各方再一次採取了冷酷策略，但冷酷策略的冷酷程度在這裏又增加了一分。

我們很容易證明：如果A和C採取了冷酷策略，B也會採取冷酷策略；如果A和B採取了冷酷策略，C也會採取冷酷策略。這裏最有趣的一件事是：在B和C採取冷酷策略的前提下，來確定A採取合作的激勵。因為，如果他對任何一個人採取機會主義行為，兩個僱工都將停止與他的合作。A只要違約，就意味着同時違反了兩個合作協議。剩下的事情就是來計算A在第0年同時違反兩個協議後，發生的收益和損失了。如果他這樣做了，他立刻得到7000美元(4000美元來自與B的

合作關係，3000美元來自與C的合作關係）。與之形成對比的則是他不得不放棄的在所有未來合作中獲得的收益的價值。這個損失是(1000+1000)/r 美元。從這裏可以推出，當7000小於2000/r 時，也就是說，如果r小於2/7時，A的最優選擇就是採取冷酷策略；因為2/7大於1/4(它位於1/3和1/4之間)，A和B賴以合作的條件就沒有那麼苛刻。假設 r 小於2/7(每年)，但大於1/4(每年)。將這兩個合作關係捆綁起來，它們都將成立；而如果將它們分開，則只有A和C之間的合作關係可以成立。這裏憑直覺就能看出：比起與C的合作關係，A在與B的合作關係中所面對的違約誘惑更大。這也是為甚麼A與B達成合作的情況，比與C達成合作的情況更為有限(1/4小於1/3)。將這兩個合作關係捆綁之後，在與B的合作關係中，A的違約誘惑減少了(2/7大於1/4)。

在將這兩個合作關係進行捆綁的過程中，C並不會受到損失，但也同樣不會獲益。獲益的只有A和B。因此，B有充足的理由與C表示團結——她現在已經將C當成了一個職業上的親密的伙伴。B甚至會主動提出給C一些補償，這樣就可以在將這兩個合作關係進行捆綁的問題上，給她一個正面的激勵。作為報答，C也答應她將與B保持一致——一旦A對她採取不公正行為的話。當然，A並不會這樣做，這是因為他足夠機靈，早已知道如果他這樣做的話，C也將中止他們之間的合作關係。

當有意願相互交易的人們被距離所阻隔時，就需要對合作進行進一步的完善了。12至13世紀的意大利的社區職責系統為人們獲得信貸和保險提供了幫助。一方的違約是以一種集體方式認定的：受到傷害的一方所屬的群體，要對違約一方所屬的群體實施制裁。在這種制度安排下，各社區(而非個人)需要一種誠實的信譽。以這樣的方式將合作關係捆綁起來，就為同群體的成員之間的互相監督創造了激勵。這種制度減少了人們在互相監督中產生的成本。

人們之間的利益不同，則他們之間的捆綁式合作關係的缺點就在於，需要進一步的協調工作。在我們的數字案例中，如果B除了她自己的技能之外，還擁有C的技能，並且她有時間為A打兩份工的話，A就會將兩份合作關係協議都提供給B，並做出將此兩者捆綁的提議。這種合作關係將僅僅涉及A和B，因此需要的協調工作較少。

人際網絡

個人交易和非個人交易之間的區別並沒有那麼明顯。即使是在一個複雜的市場中(現代銀行業)，信譽也會起作用(為借貸者確定信用級別)。但是這種區別的確是真實的。在貝基的世界中，遇到陌生人常常是很偶然的事情，但人們為了有新的熟人，則是要耗費

資源的。為甚麼？一個原因是，新的熟人可能處在可以提供信息的位置上。

我們可以把人際網絡看作是一套將人們彼此聯繫起來的交流渠道系統。人際網絡包括了像核心家庭或血緣親族這樣緊密聯繫的單位，也包括像這樣範圍廣泛的志願者組織，例如大赦國際。我們一生下來就隸屬於某些人際網絡，還會加入新的人際網絡。人際關係，無論是否長期，都是人際網絡中必然存在的特徵。

在人際網絡這個概念中，「人際關係」乃是最核心的一條。它涉及信任問題，這種信任無須訴諸協議的外部強制執行者。學者們認為，貝基世界中的公眾參與和德絲塔世界中的公社行為，都對合作的傾向有推動作用。這一觀點是，信任能夠帶來進一步的信任，並且這會給公民和集體活動與參與這種活動的傾向之間的關係，帶來一種正向的反饋。然而，這種正向的反饋會被進一步參與的成本(時間)所減弱——這種成本通常隨着參與的增加而提高。經濟學家赫希曼(Albert Hirschman)觀察到，信任是一種道德商品，這是因為，如果使用它就會增進，如果不用它就會退化；這意味着，我們並不需要像對待牛油和麵包這類「賴以為生的商品」一樣，來「節約」信任。信任和技能都擁有這個特徵：人練習某種技能愈多，他就愈加熟練。

弱關係

關係可以是強的，也可以是弱的。人們有可能被這句話誤導，認為弱關係是沒有價值的。其實，它可能具有很高的價值。當貝基的父親在上一個職位工作的時候，他聽到傳言，他目前所工作的事務所正在招聘一位擁有他這樣的職業能力的人。有很多實證證據說明，弱關係非常有用，因為它們能夠將人們與更多各種各樣的人聯繫在一起。在貝基的世界中，人們之間靠弱關係聯繫的約定，並不是被捆綁的。貝基的父親與家長教師聯誼會之間並沒有甚麼關係，而貝基的母親卻是它的一位積極成員。類似地，貝基的母親也和她父親所屬的律師協會沒有任何關係。而且，家長教師聯誼會和律師協會在他們的社交生活中，並沒有起到甚麼作用。

強關係

在德絲塔的世界中，強關係居於主要地位，這是因為它們大多涉及被捆綁的關於長期合作關係的約定。因為這種安排限制了人們能夠與之交易的人群的範圍，所以它並未給物質進步提供甚麼機會。在第六章中我們將確認，在當代世界，血緣親族中的強關係（通過限制家庭所能獲得的保險的覆蓋面，維持投資的低收益率和鼓勵生育）將會對經濟進步起到阻礙作用。但如果運用得當，強關係可以在外部世界搜尋經濟機

會時起到協助作用。來考慮一下移居的問題。鄉村社區中的一位有進取心的成員移居到了城市裏，在他求職的時候，得到了那些在家鄉和他有着強關係(緊密關係)的人的支持。他的後繼者不乏其人，因為包含工作前景的信息被傳到了家鄉。移居的工人們甚至將整個村莊的人際關係都推薦給他們的老闆們。老闆們反過來也會願意接受員工的親戚，因為這樣做可以降低由僱用不認識的人所帶來的成本。這可以用來解釋，為甚麼貧窮國家城市裏的工廠僱用了不成比例數量的、來自同一個村莊的工人。市場和社區都能夠以這些方式運轉，從而互惠互利。

為甚麼德絲塔世界中的人際網絡沿着種族或血緣親族關係運行？為甚麼它們是多功能的，是密集的，與貝基世界中那些專業化的職業網絡——例如經濟學學者或精神治療醫師的網絡——全然不同呢？我們前面做過的分析給出了答案。因為成員資格是由出身來確定的，進入種族或血緣親族的人際網絡是不可能的，退出同樣是不可能的。而且，這種成員資格是很容易辨認的。村落內部的臨近性，使每個人都能夠熟知彼此的特點和性格。因此，那裏的人們就不會受到保險行業中一個名為逆向選擇的問題的困擾了。在保險領域，保險公司會面對逆向選擇問題，那就是無法區分高風險人群和低風險人群，而且前者能夠取代後者。村落內部的臨近性也使得人們能夠彼此觀察，看

到別人在做些甚麼。因此，那裏的人們也不會受到保險行業中一個名為道德風險的問題的困擾。在保險領域，在保戶們沒有對那些已經投保的惡劣結果做出預防的情況下，保險公司就會面對道德風險問題。捆綁式的長期合作關係將人際網絡變得多元又密集。而與之形成對比的是，人們可以自由地進入或退出職業人際網絡，這樣就使這種人際網絡具有了明確而有限的目標。這裏的成員資格並不對人們在生活中的其他方面加以限制，例如在哪裏買東西，在哪裏用餐，把孩子們送到哪個學校念書。

圖7　為畫眉草脫粒（埃塞俄比亞）

我們並不應該感到驚訝，在德絲塔的世界中，人們留給自己子女們的人際網絡常常就是種族或血緣親族的人際網絡，因為在鄉下除了這些人，還有誰和誰能夠建立聯繫呢？然而，儘管退出自己所屬的種族或血緣親族實際是不可能的，子女們的確可以選擇不去動用他們所繼承下來的人際網絡。那麼為甚麼，甚至在貝基的世界中，人們還都在保持着那麼多繼承下來的人際網絡？他們這樣做的原因是，一旦人際關係得以確立，人們是無法零成本地使其改變方向的。這樣的投資是專門針對人際關係的。而且，因為信任能夠帶來進一步的信任，保持某種人際關係的成本會隨着對這種人際關係的重覆使用而下降(注意，我們經常想當然地依靠我們的密友和親戚)。如果一個人已經繼承了豐富的人際關係網絡，那麼創造新的人際關係所帶來的收益就會很低，換一種方式來說，不去動用繼承來的人際網絡，成本是非常高的。除非外部的機會好得出奇，人們是不會停止利用繼承來的人際關係的。這就解釋了，為何我們將如此之多的從家族和血緣親族那裏繼承來的人際關係繼續保持下來，為何行為規範一代一代地流傳下來。我們可謂是剛一降生就被「鎖」住了。

第四章
市場

正如社區之間彼此不同那樣，市場之間也是彼此不同的。市場出現的形式如此多種多樣，因此我們來確定它們的理想形式，並來檢驗實際的市場與理想市場如何不同，為甚麼會不同，都是非常有意義的。

理想市場

經濟學家把市場從其理想狀態的偏離稱為「市場失靈」。每一種市場失靈都給社會一個理由去探索其他制度——如家庭、社區、政府——是怎樣能夠改善事態的。這種觀點在其他方面也能夠成立。對理想市場的理解，使我們能夠找出線索，來解釋市場在家庭、社區、政府運轉不靈的情況下是如何改善事態的。當然，所有這些都是以理想市場是個好事物為前提假設的。我們的任務之一就是去探尋：它們從甚麼意義上來講是「好事物」。

單一市場

將一種商品分離出來，對它的理想市場進行詳

述，以此作為對市場正式研究的開端，是很有幫助的。讓我們將這種商品用X來表示。為了更加具體，我們還假設X是一種非耐用的消費品，用於當期消費。由於我們是在對理想市場進行研究，我假設X是一種私人品，這意味着並沒有外部性與它的消費和生產相聯繫。為了方便起見，我也會用X來指代它的數量。

想像一下，存在很多家企業有潛力能夠提供商品X，也有很多家庭是商品X的潛在消費者。這些企業是由家庭所有的。提到商品X的一個市場，我們指的是商品X的一個交易場所。企業將它們的商品X拿到市場上出售，而家庭也會到市場上去購買商品X。由於商品和服務的各個市場是互相聯繫的（如果咖啡的價格上升，對茶葉的需求也會預期上升），我們只有在(i)用於生產商品X的資源比起用於生產其他商品和服務的資源要少得多，以及(ii)用來購買商品X的支出只佔一個家庭預算的一小部分時，才有理由將商品X拿出來單獨研究其市場。我們這裏同時做出以上兩個假設，並繼續假設，所有其他商品和服務的交易都是在它們自己的市場上進行的。假設(i)和假設(ii)意味着所有其他商品和服務的價格都基本不受商品X的市場上所發生的情況的影響。由此看來，我們可以將該經濟體中其餘的商品和服務以它們本身的價格進行估價，並將其加總，來創建一個用於對商品X進行定價的綜合指數。我們將這個指數稱為財富，以美元（當然還可以

是別的)來表示。在經濟學的語言中，財富是我們的計價單位。商品X的購買和出售是以商品X的市場中所報的價格進行的。

毫無疑問，你已經注意到我在這裏運用的推理有循環論證之嫌。在對商品X的市場進行分析之前，先假設商品X的生產和消費在整個經濟體的資源和每個家庭的預算之中分別僅僅佔據一小部分——我們如何來證明這一做法是有理有據的呢？不過，到目前為止，你也許已經應該對經濟學中的循環論證(第二章)有所適應了吧。我們前面所做的討論已經證明了，這是一種強大的分析手段。這裏我們由假設(i)和(ii)開始。如果我們現在要在實證上揭示，這兩個假設在商品X的市場的一個均衡點(接下來會給出定義)附近成立的話，那麼這個分析的基礎就已經被證明是正確的了。

在一個理想市場中，家庭和企業都是價格的接受者。我們可以來想像，一位拍賣師喊出商品X的價格，而企業和家庭則在這個價格的基礎上分別做出各自的決策。每個家庭購買商品X和每個企業銷售商品X的數量，都被假定和商品X的質量一樣，是可認定的。付款過程是由外部機構(政府)來加以強制執行的。人們既不會偷走商品X，也不會在商品X的付款問題上賴賬。如果他們試圖做任何一樣，他們就會被強制執行者捉住並受到懲罰(第二章)。

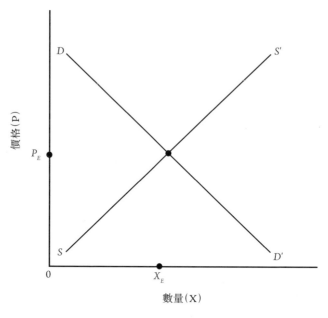

圖8　需求和供給曲線

假設商品X的價格是P。當提到某個家庭對商品X的需求時，我們指的是在價格P下，它所願意購買的該商品的數量。如果一個家庭購買每一單位商品X的意願隨着它所購買的該商品單位數量的增加而降低，那麼它會一直需求商品X，直到它願意為一個邊際單位的商品X付出等於P的價格為止。（如果它需求更多，這個家庭就要為需求的最後一單位商品付出比它願意支付的價格更高的價格，這意味着該家庭會減少需求；反之，如果它需求更少，這個家庭就要為需

求的最後一單位商品付出比它願意支付的價格更低的價格，這意味着該家庭會需求更多。)由於商品X是一種私人品，在價格P下對商品X的市場需求就是在價格P下各個家庭需求的加總。我們剛才已經說過，如果P「太高」，那麼市場需求就會「很低」；如果它「太低」，那麼市場需求就會「很高」。這個特點使得市場需求曲線是向下傾斜的，根據假設畫成圖8中的DD'。對商品X的市場需求以橫軸測量，而價格P則以縱軸測量。

可能出現的情況是，各家企業擁有生產X的不同技術。我們假設，所有的技術在生產上都會顯示報酬遞減。我的意思是，隨着生產數量的增加，每生產一額外單位的商品X，成本就會提高(這一成本是根據生產商品X所必需的投入物的流行價格計算出來的)。由於企業是家庭所有的，因此每家企業的目標就是在商品X的市場上，使企業的利潤最大化。提到在價格P下，某企業對商品X的供給，我們指的是，該企業願意在價格下銷售的數量。一個企業將會一直生產，直到生產最後一單位商品時所發生的成本——它的邊際生產成本——等於P。(如果該企業生產更多的話，它將會在最後生產的一個單位上遭受損失，這意味着它應當減少生產；反之，如果它生產得較少，則可以通過增加一點生產來提高利潤。)簡言之，每個企業都會計劃生產到當它的邊際成本等於P的那一點為止。

在價格P下，商品X的市場供給是經濟體中所有企業願意提供的商品X的數量。我們剛才已經提到，如果P「太高」，那麼市場供給就會「很高」；如果它「太低」，那麼市場供給就會「很低」。這個特點使得市場供給曲線是向上傾斜的，根據假設畫成圖8中的SS'。對商品X的市場供給以橫軸測量，而價格P則以縱軸測量。

圖8是經濟學家馬歇爾（Alfred Marshall）的創造，它將大概是經濟學全部範疇中最著名的兩條曲線結合在了一起：需求曲線和供給曲線。這兩條曲線在唯一的一點相交（XE單位的商品，位於價格PE），這一點是商品X的市場中的均衡點。它之所以是均衡點，是因為在PE這一點，市場需求等於市場供給，這意味着商品X的市場已經達到出清狀態。經濟學家們經常把「競爭性的」這個形容詞加在「均衡」這個詞前面，這是因為，由於我們研究的這個市場涉及很多企業，它們都是價格的接受者。這正是為甚麼我們說，PE支持了商品X的市場中的競爭均衡。

請注意，競爭均衡的概念與我們前面所研究的社區中的均衡概念，是何其相似。在PE點，那些願意在商品X的市場中作為積極參與者——無論是供給者還是購買者——的人們發現，他們的意願可以得到實現。那些在這一價格下，選擇不去進入該市場的人們發現，他們不入市的選擇是正確的：市場在PE價格下

出清，沒有給任何人留下討價還價的餘地。就這些家庭和企業而言，PE使一系列先前的預期得以實現。同時請注意，這些家庭和企業只需要很少的信息，就可以有效地加入到商品X的市場。每個家庭只需要了解在價格P下，它自己的「心願」（它情願為該商品付出的價格）就可以了。它並不需要了解其他家庭，也無須了解企業所面對的成本狀況。相似地，每家企業只需了解它所擁有的技術、它在生產中為投入所付出的價格，以及商品X的價格。它並不需要了解各個家庭的支付意願，也不需要了解競爭企業的技術。均衡價格PE對商品X以及生產X所必需的資源的配置起到了協調作用。PE是商品X的市場的一個必然存在的特徵。

我剛剛描述的這個市場，從甚麼意義上而言是「理想的」呢？它之所以是理想的，是因為均衡供給和均衡需求是由規劃者（或管理者）選擇的，該規劃者的目標是，通過使所有家庭共同的財富最大化來擴大它們的利益，而他正是靠命令每個企業生產多少商品X，每個家庭消費多少商品X，來達到這一目的。這個論證需要一點耐心，但還是值得反複演練的。讓我們先來假設，該管理者提出的是這樣一個計劃：這裏兩個企業（1和2）的邊際生產成本不同，假定企業1的邊際成本超過了企業2。管理計劃中一個細小的變化就能夠使得總財富增加：減少企業1一個單位的產出，同時增加企業2一個單位的產出。總產出將會保持不變，但

它將被更加廉價地生產出來，這樣就增加了家庭的總財富。因此，管理者的最優計劃——我們把它稱作有效計劃——將會包括，受令來生產商品X的所有企業的邊際生產成本都要相等。

下面轉向家庭，讓我們假設管理者所提出的是這樣一個計劃：兩個家庭（1和2）為購買一邊際單位的X而進行支付的意願是不相同的。想像一下，家庭1為消費一邊際單位的X而進行支付的意願大於家庭2。管理者計劃中一個細小的變化就能夠使得總財富增加：減少家庭2一個單位的消費，而增加家庭1一個單位的消費。這次重新分配，並不會涉及額外的資源，但各家庭的總財富將會增加，因為家庭的支付意願是以其財富來衡量的。因此，我們已經證明了，這項有效計劃將會包括，所有家庭為X而進行支付的邊際意願是相等的。一個相似的論斷將會證明，該有效計劃也有這樣的屬性：每個家庭的邊際支付意願與每家企業的邊際生產成本相等。但是，這個管理者願意確信，所生產的總數量和所消費的總數量相等。（如果總生產超過總消費，那麼財富就會被浪費；如果總生產低於總消費，那麼這個計劃者的所有目的都不會達到。）很容易確認，的確存在一個獨特的計劃滿足上面所有的需求。

下面讓邊際生產成本和邊際支付意願都等於P。該管理者就有可能通過將X的價格設定為P，並要求各個

家庭和企業以P為基礎實行交易的方法，來實施這項有效計劃，這個P當然就是圖8中的PE。這樣，這個證明就完成了。

我剛才在這裏所描述的雖然高度抽象，但卻是20世紀30年代發生在經濟學家們之間的一場意義深遠的大討論的基礎：究竟是讓市場自由調節，還是採用中央計劃。中央計劃制度的擁護者——如蘭格（Oscar Lange）和勒納（Abba Lerner）——提出：一個明智的計劃者應當協助實現市場的一切優點，同時避免現實市場的缺陷，例如不完全競爭。市場社會主義這一術語，就是與蘭格和勒納的觀點有密切關係的。另一方面，市場的擁護者——如哈耶克（Friedrich von Hayek）——則提出，所獲得結果的相等性並不能說明兩個系統為了達到預期的目的所需要的信息量的相等性。哈耶克觀察到，在市場社會主義中，中央計劃者的覺悟無異於神。如果一個中央計劃者要使有效率的結果得以實現，他或她就要了解每個家庭的需求曲線和每個企業的供給曲線。這可是相當大的信息量。這個計劃者如何才能得到它們？也許要通過有禮貌地向家庭和企業派發調查問卷的方式。但回答者為甚麼要就他們自己以及自己的情況，對你說實話呢？即使設計出了天衣無縫的方法來獲取這些信息，這些信息的校正和傳播還是有成本的。而市場在信息的使用方面，還是非常「節省」的。

然而也有人會提出，計劃者的任務並不是要去模仿市場，而是要去選擇政策工具(例如稅收和補貼)，這些政策工具比起一個全知全覺的人，所需要的信息量要少得多。計劃者們即使僅僅依靠有限的信息，也可以創造出比毫無調控的市場更好的經濟形勢(第八章)。

相互依賴的市場

　　馬歇爾著名的需求和供給曲線，在一個很重要的方面，是起了誤導作用的。圖8可能使人想到，在一個理想市場中，商品X的均衡價格是唯一的。我們也證實了它確實是唯一的，但我們已經假設了經濟體中所有其他商品和服務的價格都是既定的。如果這些價格變得不同，那麼商品X的需求和供給曲線也會變得不同，這就反過來意味着，均衡價格也將變得不同。但是，所有這些其他的價格都是取決於各自的市場的。由於市場之間是彼此依賴的，我們應當將它們放在一起研究，而不是一個一個分開來研究。

　　我們繼續假設，交易是可認定的，就像被生產、銷售和購買的商品的質量那樣。換言之，理想市場不會受到逆向選擇和道德風險之類的問題的困擾。而且，市場目前對每一種商品都是開放的，包括基本生產要素、半成品，以及最終的消費品。大多數商品將成為未來商品，這意味着有關它們的購買或出售的合同會在期貨市場上簽訂。期貨市場的合同包括，在今

天購買和銷售它們而在指定的未來日期交割的協議。為了未來而進行儲蓄和投資以及向未來借貸，都要在這些市場中發生。很多商品將會成為應急商品。關於出售它們和購買它們的合同，將在應急市場中簽訂。應急市場中的合同包括，在今天購買和銷售它們而在指定的未來日期交割的協議——當且僅當某些緊急情況出現。保險的銷售和購買，將會在應急市場中發生。未來發生的事件具有不確定性，但是人們能夠在應急市場中以指定的價格購買或者出售商品和服務，該價格與每一種可能性緊密相聯。由於支付是需要現在立刻進行的，沒有人會對其預算抱有不確定性，也沒有企業會對其利潤抱有不確定性。

在一個世界中，每一個看得見的商品都有一個市場。對這樣的世界進行研究，究竟有甚麼意義呢？這裏有三個原因。首先，對它的研究使得我們能夠認識到，在這個世界上，經濟生活中的某些特徵是由於市場缺失引起的(例如：破產，和績效有關的報酬，對於你所能購買的保險和信用加以的限制——即使你有足夠的資源來購買更多，以及失業——見下文)。第二，我們可以來量度，社會究竟會從市場缺失中遭受多少損失。第三，我們可以探尋那些能夠對某些缺失市場進行補救的政策和制度。這就是為甚麼探索每一種商品都有一個市場的世界，並以此為研究這些相互依賴的市場的開端是一件十分有意義的事情。

我們這裏研究的是一個以私有權為基礎的經濟體。企業是歸各個家庭所有的。企業的利潤是以各個家庭所擁有的份額為基礎來進行分配的。每個家庭都對一籃子商品(它們的人力資本)擁有法定權利。因此，對於任一個給定的一籃子價格，每個家庭都可以來計算其財富。這些家庭是價格接受者，都不得不購買它們可以買得起的商品和服務：它們的總支出不可能超過它們的總財富。這些企業也是價格接受者，他們選擇自己的生產支出，以使利潤達到最大化，這裏的利潤指的是利潤流的資本化價值。(交易者們同樣可以被看作企業。他們的購買行為可以被看成「生產」投入，它們的出售行為可以被看成產出。)市場均衡——經濟學家們稱其為競爭均衡——是今天為每一種商品所報出的價格集合，使得每種商品的總需求等於總供給。在均衡中，家庭和企業所必需的用來有效參與市場的信息是非常之少的。一個家庭僅僅需要了解它自己的「心願」、所擁有的商品和服務的稟賦，以及均衡價格。類似地，一個企業只需要了解它自己所掌握的技術、它在生產中為投入所出的價格，以及它所生產的一切產品的價格。均衡價格對所有商品和服務的生產和配置(誰生產甚麼，誰消費甚麼)起到協調作用。

　　有沒有均衡存在的情況呢？經濟學家們對於這個問題的探求由來已久，可以追溯到19世紀。明確的答案是在20世紀50年代初期給出的，那時幾位經濟學

家指出了競爭均衡存在的條件(根據家庭和企業的特徵)。同時證明了，在競爭均衡的概念和社區中均衡協議的概念之間，存在着一種緊密而微妙的聯繫(第二至第三章)。除了在非常特殊的情況下，競爭均衡並不是獨一無二的。這與社區中的均衡結果並非獨一無二(第二章)，大致出於同類原因。社區中的協議是由社會規範共同強制執行的。存在多於一個的社區合作的均衡，這反映了這樣的事實：關於彼此的意圖，人們通常會懷有多於一個的自我強化的信念。在理想市場中，買賣雙方之間的協議是由施行法治的國家政權強制執行的。有多於一個的競爭均衡存在，這反映了這樣的事實：通常會有多於一個的價格集合，在此價格集合下，商品和服務的需求等於它們的供給。社區中的信任和市場中的價格是兩個截然不同種類的制度的內在特徵。在第二章中，我曾經解釋過，為甚麼我們對於信任是如何產生的，仍然還沒有一個令人滿意的理解。你也不應該感到奇怪，我們目前對於價格在理想市場中是如何形成的，也沒有一個令人滿意的理解。

理想市場的效率

　　儘管市場經濟中的均衡並不是唯一的，但每個競爭均衡都是「有效率的」。由於我們正在將所有市場放在一起進行研究，效率的概念並沒有在單一商品(X)市場中那樣簡單，但它可以用語言來表達。

提到一種對商品和服務的配置，我們指的是一套完整的規定——誰生產甚麼，誰消費甚麼。在經濟稟賦給定的情況下，如果該種配置能夠大體上在這個經濟體中被創造出來，我們就稱這種配置是可行的。令 α 代表一種可行的配置。如果不存在其他可行的配置，使得所有的家庭會放棄 α 而選擇它，那麼我們稱 α 是有效的。這個概念是由經濟學家和社會學家帕累托(Vilfredo Pareto)首先提出的，這也就是為甚麼以上意義上的效率以帕累托效率而廣為人知。可以證明，一個競爭均衡是帕累托有效的。

家庭如此，國家也是如此。如果不存在國際貿易上的限制，世界經濟中的競爭均衡將會是帕累托有效的。將細節拋開，這就進入了自由貿易的理論案例的核心部分。

市場失靈

正如社區有可能無法擴大其成員的利益一樣，市場同樣有可能無法合理配置資源。即使是在理想市場中，家庭所能夠實現的目標也取決於它們所帶到市場上的東西。其原因大概是，有些家庭所擁有的商品和服務的稟賦很匱乏，而有些家庭則很豐富。這些稟賦是從過去繼承下來的，它們會影響市場中的結果。儘管競爭均衡下的市場配置是帕累托有效的，但它們並不一定是公平或公正的。你絲毫不應該感到奇怪，帕累托效率中隻字未

提公平分配的事情。公平和效率是資源配置的兩種不同的道德屬性。一種對商品和服務的配置中，如果每個利己的家庭都分配到所有的東西，那麼它就是帕累托有效的；一種令所有家庭都佔有相同份額的配置，則是更加公平的。一種資源配置方式有可能是人人平等的，但卻非帕累托有效的；它也可能既是人人平等的又是帕累托有效的；也有些資源配置方式，是既非人人平等的也非帕累托有效的。這種邏輯推理方法，儘管既抽象又理論化，但它卻正是人們普遍接受的政府的一項職責的核心內容(第八章)：制定並實施那些預期能夠帶來帕累托有效的(出於實際考慮，可理解為「能夠容忍的，非浪費性的」)及人人平等的(出於實際考慮，可理解為「沒有飢餓，沒有病弱和沒有文盲」)結果的政策。

即使我們要把分配的問題擱置一邊，在我們所了解的這個世界中，市場也還是無法理想地運行的。為甚麼？有三個突出的理由。首先，由於公共品的生產容易受到搭便車問題的困擾，市場在它們的供給方面達不到有效的標準。前面說過，在公共品的問題上，存在比搭便車更深層次的問題。以法治為例，法治本是一種公共品。如果法治缺失的話，那麼市場根本不可能運行(第二章)，這意味着它(法治)根本就不能成為一種商品。還有其他與環境服務相關的情況(第七章)，在這裏，市場交易會產生外部性，無論政府怎樣大膽地試圖重新界定私有產權，這種外部性都是無法消除的。

壟斷

第二個原因在於，在某些行業中，只有一個生產者(壟斷)或者最多只有幾個生產者(寡頭壟斷)。理想市場中，在支付了每一項生產投入(工資、薪水、原材料、修理維護、因機器設備產生的費用、貸款利息等等)的成本之後，企業就不會剩下甚麼了。由於一個壟斷企業並未面對來自其他企業的競爭，因此它能夠收取比P_E(圖8)更高的價格，並享受到利潤。

圖9　貝基世界中的一座購物中心

壟斷企業也因此而名聲不好。但是，如果壟斷者

要在研究和開發(研發)上花費資源，由此來創造新產品和發明更廉價的生產老產品的方法(這是一件好事)，那麼我們也需要壟斷者，因為銷售中所獲得的利潤是企業所必然擁有的激勵。而且，壟斷企業通過在研發方面的努力，試圖保持它們的領先地位，這樣就可以阻止競爭者的進入(這就不是甚麼好事了)。然而，除非它們受到阻礙，壟斷企業將會希望能夠不僅僅是收回這些研發的費用。在富裕國家中，反托拉斯法已經被制定，目的就是阻止企業這樣做。

認為壟斷是一件不可避免的壞事，這其中還有一個原因。有些商品每單位的生產成本隨着產出的增加而下降。經濟學家們將這個現象稱為規模經濟。基礎設施(道路網絡、鐵路、能源、排水系統)就是很好的例子。社區無法提供它們，因為社區的規模太小。相比之下，如果生產規模足夠大，而且從用戶身上收取費用的成本足夠低的話，那麼市場就可以生產它們。生產基礎設施的企業規模必須很大，這樣才能享受較低的生產成本。因此，基礎設施的私人生產企業經常是壟斷企業，至少也是寡頭壟斷企業。由於貝基的世界已經變得富裕起來，而且市場的範圍也變大了，那裏的社會逐漸越來越依靠私有企業來提供基礎設施——即使這些社會同時也讓其政府來管理這些生產者，使其無法獲得壟斷利潤。交通運輸網絡就是一個很好的例子。當然，當家庭對諸如現代化排水系統之

類的基礎設施加以利用時，它們使其他人也獲得了利益（正的外部性），這有可能是貝基世界的當地政府為甚麼要提供這一服務的原因。在德絲塔的世界中，基礎設施（例如耐久的道路）經常是缺失的，這是因為一個惡性的因果循環：在缺少了可靠的道路網絡的情況下，市場無法擴展其範圍；在缺少了市場的情況下，家庭則無法從事匿名的交易；而且，因為建築領域中政府腐敗嚴重，耐久的道路無法修建起來；因此，各個家庭仍然十分貧困。

圖10　德絲塔世界中的一座市場

宏觀經濟波動

市場遠非理想的第三個原因與我們前面提到過的一個事實有關：只有在交易是可認定的情況下，市場才可以對交易起支持作用。例如，只有在質量可認定的情況下，包含各種質量的某種商品的市場才能夠形成。道德風險和逆向選擇對市場的形成起到了阻礙作用，因此期貨市場和應急市場在我們所了解的這個世界中很少存在。家庭和企業必須要以下這些為基礎進行決策：其資產的當前價值，他們所面對的商品和服務的現貨價格，以及當現貨市場在未來形成時，他們對自己將面對的價格(包括工資)所抱有的期望。由於這些期望可以自我捆綁起來，因此在短期內，可能有多於一組的自我強化的期望集合存在。其中有些能夠使得經濟體中的生產能力得到合理利用，而有些則會帶來經濟衰退。

對於經濟衰退的分析乃是宏觀經濟學的研究內容。宏觀經濟學是在綜合考慮(全國的)經濟的基礎上而進行的研究(第一章)。然而從歷史上來看，宏觀經濟學作為一門學科，是被設計出來用於研究綜合經濟活動中的短期波動的。這些活動是以產出(GDP)、就業、價格水平(這是商品價格水平在綜合意義上的貨幣表示)等指數來量度的。

這些波動究竟是甚麼呢？來考慮一下，自從第二次世界大戰以來，貝基的世界已經在生活水準方面，

享受到不間斷的發展（第一章）。然而，也有GDP周期性地低於潛在GDP的情況存在。潛在GDP指的是，在所有已安裝的機器設備和當時所有的可僱傭勞動力都被充份利用的情況下，所能夠生產的總產出。在20世紀30年代的大蕭條期間，歐洲和美國的經濟衰退都非常嚴重，以至於不僅工廠和設備都被閒置起來，而且大約有25%到30%的勞動力無法在就業市場上找到工作崗位。藏在這些衰退以及與之共生的勞動力失業背後的解釋，又是甚麼呢？經濟學家們提出了很多解釋。這些解釋常常被看作是反映了不同學派的思想：凱恩斯主義學派、新凱恩斯主義學派、古典主義學派、新古典主義學派、真實經濟周期理論學派，等等。這是合乎情理的，因為如果所有的衰退都是一模一樣的話，那可是再奇怪不過了。整個20世紀90年代，曾被譽為「戰後經濟奇跡」的日本，經歷了一場到現在才剛剛顯出結束跡象的經濟衰退。在過去的10年中，官方公佈的法國以及德國（另一個「戰後經濟奇跡」）的失業率高達10%左右，而在英國這個數字則是在4%至5%之間。這幾年來，美國的失業率一直在6%上下徘徊。正如你可能預料到的，這些國家在勞動法、稅收、失業救濟、社會保障方面都是不同的；而德國在20世紀90年代初期剛剛統一。貝基世界中的各個國家在登記失業人口的標準方面，也是互不相同的，而這並不是甚麼了不得的大事。如果一種敘述能夠解釋所

有的經濟衰退現象，那我們恐怕倒要大吃一驚了。篇幅有限，不容許我們過多地討論宏觀經濟波動，以及政府要在高度的經濟活動中消除這些波動的潛在職能。這個話題值得寫另一本「超簡介」了。然而，描繪一個模型，來證明這種普遍的心理狀態——預期——如何能夠在市場的經濟衰退過程中起作用，還是很有意義的。

那麼我們來考慮這樣一種情形：出於某種原因(也許是因為流言蜚語，參見第二章)生產者們認為，對他們產品的需求將會很低。那麼，削減生產、清空存貨、減少對勞動力的需求就將是符合每個生產者利益的行為。如果勞動力的供給保持不變，那麼在市場上將會出現勞動力過剩。如果調整進行得很快，那麼工資水平將會下跌。但如果工資下跌，那麼收入也會下跌，這將會導致在我們開始討論時的價格水平上，對商品和服務需求的下降。這種下降反過來會使價格水平下跌。較低的價格水平會使僱主們降低對勞動力的需求，這樣一來，就僱主們而言，最初的短期預期就得到了證實。換一種說法來講，當生產者們預期價格和工資同方向運動時，總產量並不會對價格水平變動做出甚麼反應。每個生產者都會因為他在(短期)經濟預期中沒有犯錯誤而長舒一口氣，但也很正常地會因為「年景不好」而感到憂慮。

相反來假設一下，出於某種原因，生產者們認為

對他們產品的需求將會很高。那麼，保持產量、增加存貨就將是符合每個生產者利益的行為。一段類似的推理表明，這種信念在短期內將是自我強化的。每個生產者都會因為他在（短期）經濟預期中沒有犯錯誤而長舒一口氣，同時也很正常地會因為「年景不錯」而沾沾自喜。

如果價格和工資是黏性的，那麼問題就被嚴重化了。經濟學家斯蒂格利茨（Joseph Stiglitz）已經證明了，存在於勞動力市場上的道德風險和逆向選擇，會使得價格在下降過程中變為剛性。如果某一種工作的真實工資在下降過程中是剛性的，而且在這一工資水平下，對勞動者的需求小於供給，那麼顯然會有一些工人無法被僱用。那些幸運的被僱用者比起那些被拒之門外的人們，日子要好過一些。經濟學家們將這種情形稱為非自願失業，來區別於下面的情形：例如，有個人暫時性地處於失業狀態，這是因為他正在尋找比上一個職位更好的職位。如果生產者們在較高預期的鼓舞下需要大量的勞動力，那麼這種價格剛性並不會帶來害處。因此旺盛的預期能夠自發地將經濟拉升到充份就業的狀態。

凱恩斯、卡萊斯基（Michal Kalecki）和俄林（Bertil Ohlin）是20世紀30年代建議政府積極介入以從蕭條經濟中恢復的經濟學家當中傑出的三位。他們的觀點被米德（James Meade）、薩繆爾森及托賓（James Toblin）等

經濟學家大大拓展了。在嚴重經濟衰退時財政政策和貨幣政策(稅收和補貼、政府投資、利率、信貸服務)之所以必要,一種解釋是:它們有助於改變人們對未來抱有的預期。但尋找到正確的公共政策組合,可絕非易事:不同的經濟衰退需要不同的緩和良方,這正是為甚麼宏觀經濟穩定的問題依然是一個充滿爭議的話題。

第五章
作為制度的 Science 和 Technology[*]

　　制度是公共品。一個社會所面臨的問題是要去挖掘甚麼樣的政策組合能夠使它運行得更好。在這本書剩餘的部分，我們將來探討各種制度之間是如何相互作用的。為了看看這會涉及哪些話題，一種不錯的選擇是先來研究這些制度。之所以確立這些制度，目的是要製造一種所有的讀者都感興趣的商品：知識。

　　知識可謂是一種最卓越的公共品。它的使用是非競爭性的(當某人應用微積分來解題時，並不會妨礙任何其他人將微積分用在他或她的題目上)，同時它也是非排他性的，除非某一種知識的創造者對其守口如瓶。知識之所以是一種耐用商品，是由於同一種知識可以翻來覆去地使用。如果今天有人要去發明輪子，那麼我們都會認為他僅僅是「重新發明了輪子」而已；他並沒有貢獻甚麼有價值的東西。而且，當某人對某種知識做出研究的時候，並沒有甚麼額外的成本

---

[*]　作者將此二者視為兩種制度。其中 Science 指的是公眾資助的研發，Technology 指的是民間資助的研發。在譯文中保留英文(首字母大寫)來區分通常意義上的科學和技術。——譯者注

產生，因此他並不應該為此付費。

這些觀察結果到了今天都是真理，但它們卻提出了一個問題。如果知識能夠供所有人免費獲取，那麼那些發現者和發明者們能夠因其努力獲得回報的唯一途徑將是：要麼對其保密，要麼從他們在這些知識領域的領先優勢中獲得利潤。這意味着，私人創造知識的激勵將會非常低。這裏的關鍵是要去找到對發現者和發明者進行獎勵的更可靠的方法。

使用「發現者」和「發明者」這兩個詞，我的用意並不是要將「知識」這個詞限制在科學技術產品方面；我還要將藝術、手工藝、音樂、文學等領域的創新包括進來。然而，在對這兩個出現在現代並且互有重疊的、能夠創造知識的制度做出敘述時，我將依靠科學技術(在通常意義上)領域中的例子。在這個過程中，我們將會發現，我們的分析也可以用到其他形式的創造性工作上面。

提到科學和技術知識的時候，我的意思大致說來就像古希臘人對它們的定義一樣，分別對應認識(思辨性的、理論性的或抽象的知識)和技藝(藝術或實用知識)。就我所知，亞里士多德認為探討技藝是不登大雅之堂的，就連列舉這個領域的成就也是如此。他的論述主要集中在認識上。相比之下，現代經濟學家們則專注於技藝。這一點從我們為貝基世界中持續的經濟增長尋找原因時，頻繁地使用「技術進步」這個詞就

可以很明顯地看出來(第一章)。

　　研究和開發(研發)是生產知識過程中的投入。公共資助的研發是知識生產中激勵問題的威克塞爾—薩繆爾森解決方案(第二章)。出於馬上即將明朗的原因,我將會把公共資助的研發制度稱為Science(字母S大寫)。為了將其具體化,對研發進行資助的機構將被假定為政府,儘管在貝基的世界中,私人基金會和大公司也對從政府流入Science的資源起到了充實作用。

　　既然由公共資金所創造的知識是對所有人免費開放的,那麼僱傭合同中也就包含了「發現和發明都將被公開披露」的條款。然而,知識經常涉及技術性資料。政府是如何防範江湖騙子們破壞企業的呢?現代社會已經通過堅持公開披露應當包括在經同行審閱的期刊上發表,從而避免了這種逆向選擇的問題。同行業的審查在很大程度上緩解了社會所面對的一個問題,那就是,無法將優等品和劣等品區分開。

　　但是在Science中,還有更深層次的問題。由於大量的創造性工作都是在頭腦中進行的,而研發中的成功是很偶然的,因此要想確認某個人是否遵守協議努力工作並不現實。僱主是如何才能知道科學家們是在思考,而不是在做白日夢呢?畢竟,即使是那些懶惰的科學家,也會宣稱他們是不夠走運而並非懶惰。因此,社會面臨着一個道德風險問題,這就意味着,薪酬並不應以付出的時間或努力程度為基礎。另一種方

法則是給予科學從業者固定的薪酬，但這樣依然會產生問題。如果科學家們無論能否創造出有價值的東西，都能夠獲得收入的話，那麼努力工作的激勵將會被減弱；這就是另外一種道德風險了。如果想要降低這些風險中的任何一種，那麼薪酬就需要在某些方面以績效為基礎。這種薪酬的形式叫作計件工資。在此情況下，「計件工資」意味着以研發出的產品的質量作為基礎的薪酬。

與我剛剛在前面列舉的原因相似，計件工資在過去對於農業收穫的臨時勞動來說是很尋常的。時至今日，機器設備定下了勞動速度，這就意味着人們的努力成果是可認定的。這正是為甚麼計件工資現在變得越來越罕見，甚至在農業中也是如此。但經常以股票期權形式出現的績效獎金，目前在大公司中非常普遍，這是因為股東們面對着道德風險（第六章）。在知識領域，計件工資薪酬的一種特殊形式還很活躍，在貝基世界的經濟轉型過程中起着巨大的作用。

為了理解在Science中較為盛行的這種計件工資的形式，讓我們來回憶一下：一種知識是不需要重複創造的。如果我們想要用文字解釋這句話，那麼它將意味着：那些在其他人已經把某種知識公開之後才創造了這種知識的人，並沒有貢獻任何有價值的東西。它的反面意味着，只有第一個做出發明或發現的人，才應該得到回報。為了鼓勵科學家們做出有價值的發

現，這種報酬同樣應該具有這樣的特徵：發現的質量越高，回報就應該越豐厚。這一理念是將研究轉化成了競賽。

有理由這樣說，為了鼓勵參加科學領域中的競賽，那些失敗者們也應得到回報。問題在於，一旦優勝者將他或她的發現進行了披露，那些失敗者們就可能對自己的進度做出誇張的陳述。這種可能性將會給僱主帶來另一種道德風險。已被Science所採納的能夠避免全部幾種問題的方案是優先原則。在這種原則下，優勝者將獲得僱主的全部出價。Science不會向冠軍之後的人們支付任何費用。

當然，我以上所寫的並不完全是實際的情況。首先，不可避免地，科學家們是多嘴多舌的一大群人，這意味着同行們通常都大致了解在發現被公開的時候，輸家落後於優勝者的差距有多大。第二，沒有兩位科學家是沿着相同的途徑來進行研究的，這意味着輸家們也創造了有價值的東西。因此，輸家們也會獲得回報。優先原則中的「優勝者獲得全部」這一描述只是一種略為誇張的說法，它表達的意思是，在Science中，優勝者會獲得不成比例的高回報。

優先原則可謂獨具匠心，它激勵了新發現的公開發表，因為就在科學家們放棄對自己發現的獨佔權的時候，他們得到了一筆私人財產。在Science中，優先就是獎勵。用生物學家彼得·梅達沃（Peter Medawar）

的話來說，它將發現的道德上的佔有權獎勵給了優勝者，儘管沒有人會獲得發現的法律上的佔有權。

然而，優先原則也存在問題。它將研發中不可避免的一切風險都壓在了科學家們的肩膀上。這將不可能成為一個高效的系統——如果科學家們像普通人一樣都是風險厭惡者的話。情況似乎將會是，為了鼓勵人們進入Science，科學家們都應當獲得報酬，無論他們是否在所選擇進入的競賽中獲得優勝。正是出於這個原因，阿羅所做出的「從經濟的角度來看，教學和研究之間的互補性是一個幸運的突發事故」這一論斷，充份體現了這種重要性。這裏的「互補性」一詞解釋了為甚麼大學中聘請了如此之多的科學家，也解釋了為甚麼在近幾個世紀中，大學成為了科學中最偉大的進步被實現的地方。大學中的「終身教職」這一職位——僱傭合同中飽受爭論的一點——使得當一位科學家有理由遵從一種研究方向而非另一種，而其他人有理由去反對這位科學家時，社會卻不去干涉。

儘管我在推出優先原則時所採取的邏輯推理方式利用了現代經濟學的語言，但這種原則本身在我的學科出現之前就被建立起來了。(社會通常要比社會思想家們聰明得多。)英國皇家學會(1662年建立)以及巴黎、羅馬和柏林的類似學會都是為了促進科學知識交流與證實新的發明和發現而建立起來的。這些學會也都宣佈了優先原則的合法性並執行了這一原則，而且成了在互相爭

鋒的論點中爭奪優先的競技場。牛頓（Isaac Newton）和萊布尼茨之（G.W. Leibniz）間關於微積分的道德上的佔有權的爭論，僅僅是其中最著名的例子而已。

但無論是優先原則還是那些學會，都不是憑空出現的。經濟歷史學家大衛（Paul A. David）將它們的起源歸因於文藝復興時代晚期，意大利統治者們所逐漸面對的一個問題：如何來選擇那些能夠為宮廷裝點門面的科學家。無疑，制度的演變並不遵循分析邏輯推理的指令，但正是分析邏輯推理，才能夠解釋這種演變究竟相當於甚麼。就連創造性作品的道德所有權的概念，也要比那些學會出現得更早。例如，在中世紀的印度，雲遊詩人們在自己的詩歌中，以第三人稱直呼姓名的方式來指代自己，這是非常普遍的做法。詩人通過這種方式在其創作中留下了他自己的簽名（他們大多數是男性）。越是優秀的詩人，他的名氣就越響，讀者群就越大，因此，他的金錢收入就越為豐厚。歐亞大陸上的作家、哲學家和學者在更早的年代，就實踐了對知識的公開傳播。人類學家古蒂（Jack Goody）則揭示了，即使是在文字出現之前的創作者們，都會通過在自己的作品中留下印跡這一天才的方式，使得自己被後人記住。但這些早期實踐的偶然性是很強的。優先原則所起的作用是，將一枚制度的印章鈐蓋在創造性的作品之上。

Science也有其局限性。僅靠公眾的錢包來給研發籌措資金顯然問題多多，因為知識還有兩個更深層次

的特性：在一件商品被製造出來之前，沒有人真正知道造出來的會是甚麼；同樣，也沒有人真正知道怎麼去製造它。當然，比起其他人，專家們可能對哪些問題是可以解決的，用甚麼方法解決，有更好的理解。如果社會需要保證一大批各種各樣的有關科學技術的問題得到討論，那麼它應當不僅僅鼓勵Science的研發活動，而且在平行的制度中——那裏的發明和發現是私有化的——也這樣做。讓我們將這種制度稱為Technology（字母T大寫）。

　　一種防止別人利用知識的方法，就是將其保密。在較早的年代，煉金術、巫術、魔術的從業者和手工業者（玻璃製作、金屬冶煉、精密儀器製作），以及那些為商人和生意人解決複雜會計問題的專家們（例如，16世紀德國的數學家們），就曾將他們的知識和技能保密。在航海大發現的年代中，繪有貿易路線的地圖被謹慎地保管起來。秘密的擁有者們能夠從他們的知識中獲得利潤，因此保密工作總是圍繞技藝來進行。但保密並不是可靠的。逆向工程——這是一個現代術語——在工藝中是個威脅，因為對手將有可能會做出相同的發明。對於知識的壟斷權利，或專利，是解決這個問題的一帖靈藥。專利制度——相關地，在影像和表達領域則是版權——使得人們能夠披露他們的發現，而不會使得自己要去和別人共享從這些發現中所獲得的利潤。這是一種法律上的方法，它將一種知識

變成了一件具有排他性的商品。這一制度為披露行為提供了私人獎勵，並且將這種獎勵建立在優先披露的基礎上。正如Science中的優先原則那樣，專利制度也在Technology中對競賽起到了鼓勵作用。

對專利制度的系統應用是1474年始於威尼斯的，當時的威尼斯共和國保證發明者對新技能和機器擁有10年的特權。但當今專利法的鼻祖，則是1623年英國的《壟斷法規》。該法規闡明了一般性原則，即只有一種新產品的「第一位的、真正的」發明者，才能夠被賦予壟斷性專利——在1623年的法規中，這一期限是14年。即使是當今專利法的鼻祖，也規定了不能將專利賦予「自然品」，因此習慣上會將專利看作是屬於技藝領域。但近來發生的生物技術領域中關於專利的訴訟紛爭則表明，在何為自然品方面達成一致往往並非易事。

讓我們用前面幾章中的語言來做一下總結：Technology中的行為是以市場為導向的，因此是由法律所強制執行的；然而在Science中，行為則是受到社區左右的，因此是由規範所強制執行的。兩種制度都可以創造知識；但在前者中它被看作是一種私人品，在後者中它則被視為一種公共品。Science和Technology都鼓勵科學家和技術專家用其所屬制度之中的道德觀念來看待他們的產品，但兩者的激勵方式是不同的。這樣，所生產的產品的特徵不同，就沒有甚麼可大驚小

怪的了。Science和Technology之間的傳統區別——將前者看作與基礎研究相關(其產出作為進一步生產知識的投入品),將後者看作與應用型研究相關(其產出作為生產商品和服務中的投入品)——從產出的角度,對這兩種制度做出了詮釋。這裏所提出的關於將Science和Technology作為制度的觀點,在我看來要深刻得多。它有助於解釋,為何它們的產品會預期有所不同。

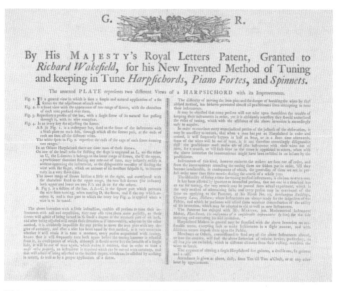

圖11　18世紀的一項關於為豎琴調音的專利

　　時至今日,對於Science所擁有的能使科學家們披露其發現的適當激勵,我們早已認為是理所當然。但是能夠體現這種激勵的社會性的創新,並非必然會出

現。它們也不是輕易出現的，因為這需要科學家和他們的資助人的共同努力。在使科學聲明得到獨立檢驗的過程中，在爭奪優先權的競爭選手間做出裁決的過程中，在對那些Science准入者的資質的監督過程中，學會也起到了相當大的作用。同業群體的尊敬、獎章、名冊，作為對於科學家們的「貨幣」報酬，是很非凡的創新，因為它們並未涉及太多的資源。為了使這些社會性的創新發揮效用，科學家所受到的教育中理應包括，培養對非金錢獎勵的鑑賞力。這種鑑賞力使得Science能夠以低廉的價格製造知識。但逐漸地，對於這種社會性創新的鑑賞力，不得不與來自Technology領域中的金錢獎勵相互競爭。如果金錢獎勵增加(實際上這些年來增加得相當多)，那麼這種對Science領域中道德觀念的鑑賞力對於研究工作者來說，就顯得愈加彌足珍貴。Science體現了一種文化價值觀，這種價值觀需要不斷抵禦來自其對手Technology的威脅。已經證明這種威脅是真實存在的，以至於在近些年來，兩種制度已經在相互滲透了。科學家們的行為越來越向技術專家們靠攏，而技術專家則同時享受到來自Technology的金錢獎勵，和Science不得不授予的獎章和名冊。

儘管存在這種緊張氣氛，Science和Technology仍然在貝基的世界中繼續取得進展。今天，富有國家在知識研發上的支出已經達到了GDP的2.5%，而在貧窮國

家中相應的數字則大大低於1%。假定富裕國家的GDP是貧窮國家的6倍，我們並不應該對此感到吃驚——貝基的世界正在取得大量的科學技術進步，而德絲塔的世界充其量不過能夠成為這些進步的有限的使用者。這裏我甚至還沒有提到這兩個世界對教育的相對投入。

我剛剛一筆帶過的Science和Technology領域中的制度革新發生在歐洲，開端於歷史學家們稱為啟蒙運動時代的那個時期。後面的這個術語如果從認識論的意義上去解釋，就會引起爭議了。它確實會在知識份子之間引起爭議，因為爭議正是該術語通常被解釋的方式。知識份子們一聽到知識的分析實證基礎——這是Science和Technology的共同基礎——是歐洲人的發明，就會怒髮衝冠。他們會問：「那麼那些更早年間的、產生於其他地區的、養育那些為知識做出不朽貢獻的學者的文明，又該如何解釋呢？」

應當堅決地承認，知識的分析實證基礎並非貝基世界的發明，而那些神秘啟示主義的知識獲取路徑也並不僅限於德絲塔的世界。在每個我甚至只有一知半解的社會中，此二者都曾出現，而且經常是同時存在。這也許可以解釋為何在今日，哪怕僅有一半的可能性，來自世界各地的人們都能夠輕易地對Science和Technology進行實踐；他們的「文化」背景似乎並未成為智力上的瓶頸。炫耀性地證明「在貝基的世界尚處

於蒙昧時期時，在德絲塔的世界中科學技術已經取得發展」云云，並不能促進知識的發展，而只不過是將老生常談又重複了一遍而已。歐洲在啟蒙運動時期所獲得的成就，遠比認識論中的某次變革更加顯著，這是因為沒有其他地區以前曾經做到這一點。歐洲確立了制度，這些制度使得知識的生產、傳播和應用——實際上是整個知識領域——能夠從精英小眾轉向公共大眾，這一轉變使得分析實證的推理模式變得如此強大，以至於成為了人們慣用的模式。這一成就很好地詮釋了我在第一章中所列舉的宏觀經濟數據中相當大的一部分。

第六章
家庭和企業

　　社區和市場乃是包羅萬象的制度。人們除了直接在其中活動之外，還要通過很多更小的制度在其中活動，在這些更小的制度中，家庭和商業企業則是最為突出的。在探索這些制度的過程中，我們不妨問問，人們通過它們，究竟想要得到甚麼。誠然，家庭是深深植根於人類當中的，因此去探尋它的經濟目的，可能會顯得有些奇怪。但人們知道，即使是這一最為普遍的制度，對資源稀缺所做出的反應也會發生變化。我將不會詳述家庭和商業企業在使得人們能夠生存的過程中所起到的那些更為明顯的作用——如果他們彼此間充份協調，又比較幸運的話，還能夠興旺發達。相反，我們將會研究它們的一些更加與眾不同的特徵，以更好地理解貝基和德絲塔的生活之間存在的巨大差異。

家庭

　　在固定居住的社區中，家族就是那個長期以來維繫着最緊密的人際紐帶的制度。經濟學家和統計學家

發現，使用一個更加現代的術語——家庭——是大有裨益的。家庭是一個比家族更小的單位。家庭通常被用來指代一個持家或消費的單位。它的成員們在一起進餐，或共享同一存量的食物做成的餐食。

我們假設，家長們希望對家庭的福祉起到保護和促進的作用。

這裏的家庭福祉是指家庭成員福祉的加總。但是，對於「福祉的加總」，家長們也許會抱有不同的觀念。在德絲塔的世界中(在那裏廣義上的家族對家庭的決策會起到影響)，除了父母一級的家長有發言權外，祖母一級(甚至更大範圍的親屬們)也會影響家庭決策。

社會科學家們已經發現，在德絲塔的世界中，基本必需品——閒暇、食物、健康保障和教育——的家庭分配是很不平衡的。部分的不平等純粹是出於需要的原因。來考慮一下食物分配。在營養均衡的狀態下，一個人每天能量攝入的60%到75%是為了維持體力(血液循環、大腦活動、組織修復、新陳代謝等等)，而其餘的25%到40%才是花在較隨意的活動(工作和閒暇)上的。這60%到75%更像是一種「固定的」需要：從長期來看，人們無論做甚麼，這一底限都是必需的。因此，我們應該預期，在非常窮困的家庭中，食物並不是平均分配的，儘管，在他們變得富裕起來之後，食物分配將會變得平均。如果想知道這是為甚

麼，假設一下每人維持體力的能量需求為1500千卡。考慮一個每天只能獲得5000千卡的四口之家。平均分配將意味着每個人都無法獲得足夠的能量。不平均分配食物，將會使得最有生產力的成員能夠正常工作，從而增加整個家庭未來得到改善的幾率。另一方面，如果一個家庭每天能夠獲得的能量大大多於6000千卡，它就將能夠在不危及未來的前提下，將食物平均分配。當食物非常稀缺的時候，即使將年齡上的差異考慮在內，德絲塔一家中的較小較弱的成員們分得的食物還是比其他人要少些。然而在年景好的時候，德絲塔的父母也能夠做到不偏不倚。與此相對照，貝基一家總是能夠買得起足夠的食品。每天，她的父母都平均地分配食物——這裏重申，要將營養的需要考慮進去。

性別不平等

我剛剛概述過的這些想法本身無法解釋在貧窮世界中這種長期而大規模的家庭分配不均。在一篇著名的論文中，人口學家維薩里亞(Pravin Visaria)注意到，在印度，女性和男性的比例自從1901年印度人口普查以來，就一直在下降；更為糟糕的是，這個比例一直顯著低於1。根據最近的人口普查數據，在印度，女性和男性的比例只有93：100。在今天的富裕國家中，這一比例是106：100。在回答流行病學家林肯・陳

(Lincoln Chen)針對維薩里亞的發現而提出的「婦女們都到哪兒去了」這一問題時，他和他的同行們從印度次大陸收集了以性別為基礎的死亡率，以及人體測量學方面的數據，他們發現了在貧窮家庭中，食物和健康保障的分配是偏向男性一方的。可疑之處在於，家長們不僅扼殺女嬰，而且拒絕向其提供出生後的健康保障，以減少家庭中的女孩數量。

對女孩的健康歧視並非僅限於印度次大陸，這一現象在其他國家也存在。在社會規範堅持家長要為女兒支付不菲的嫁妝，而男孩應該照顧他們年邁的父母的情況下，窮困家庭對男孩的偏好也就是不可避免的了。然而，如果我們假設，相比起父親來，母親更容易對女兒懷有深厚的感情，並且在其他條件一致的前提下，如果家庭中的婦女受過教育，或有僱傭工作，或能夠掌控家庭預算，那麼我們可以預期在食物和健康保障方面，對女孩的歧視將不會有那麼嚴重。有證據表明，這種情況在印度次大陸和非洲撒哈拉沙漠以南地區都屬實。

在非洲撒哈拉沙漠以南地區，女性和男性的比例是102:100，這說明印度的男女比例失調並不僅僅是貧困的反映。人口學家伯瑟拉普(Esther Boserup)觀察到，婦女在以鋤為農耕工具的地區(例如在非洲撒哈拉沙漠以南地區)起到非常突出的作用，這與以犁為主要農耕工具的地區(例如印度次大陸地區)形成對比。伯

瑟拉普在作物耕作技術和婦女地位之間建立了關聯。印度次大陸地區的性別歧視在不同的生態地區也存在區別。婦女更多地從事稻田耕作，稻田耕作需要更多的靈巧人力而非肌肉膂力。婦女較少從事麥田耕作，就麥田耕作而言，肌肉膂力是一種必需的投入品（使用犁來工作需要體力）。在印度，女性和男性的比例在以產稻為主的各邦（主要在南部和東部）較高，而在以產麥為主的各邦（主要在北部）則較低。

貧窮世界的家庭中，在健康方面的性別不平衡和生育選擇密切相關。由於婦女們在生育和養育子女時比男性承受着更為巨大的成本壓力，我們可以預期，相對於女性，男性渴望擁有更多的子女。另一方面，如果婦女在經濟上比男性更為脆弱，那麼比起男性，她們會渴望擁有更多的子女，因為子女們為極其惡劣的境況提供了一份「保險」。無論從哪方面來講都可以預期，在婦女獲得更多權力的社會中，生育率將會較低。關於德絲塔世界中婦女地位的數據，顯示了一個放之四海而皆準的模式：高生育率、婦女的高文盲率、婦女的低就業率、婦女在家從事無報酬勞動的高比例，是共同存在的。

產權和生育

我們現在已經對生育行為的兩個決定性因素進行了研究：遵從行為以及性別關係。這兩者結合起來，

就可以從某種程度上解釋，為甚麼在貝基世界和德絲塔世界的生育率之間，存在着顯著的差別。然而，在印度次大陸地區和非洲撒哈拉沙漠以南地區的生育行為之間，也存在着顯著的差別，這大概是因為兩個地區之間產權制度的差異。(在最近的幾十年中，這兩個地區的生育率大約相差2。)當養育孩子的成本可以由血緣親族之間共同負擔時(這是強關係的另一個實例)，父母面對的生育成本就會較低。在非洲撒哈拉沙漠以南地區，血緣親族之間共同養育子女是一件司空見慣的事情。孩子們並不只是由其父母養大的，這種責任是散佈在血緣親族之間的。非洲的這種養育方式並不會損害到父母和子女之間的紐帶。這種制度提供了一種共同保險的保障(見下文)。因為在非洲撒哈拉沙漠以南生產率很低的農業區中，儲蓄的幾率很小，所以這種養育方式也可能可以使得各個家庭能夠平衡各個時期的消費。人們發現，在西非的部分地區，多達一半的兒童無論在甚麼時候，都是和親戚們住在一起的。姪子(外甥)和姪女(外甥女)享有同直系子女一樣的居住和受照顧的權利。如果父母從生兒育女中分攤到的利益超過了分攤到的成本，那麼這個協議就引起了搭便車的問題。總的來說，從父母的角度來考慮，在這些情況下將會有過多的子女降生。

在非洲撒哈拉沙漠以南地區，在以血緣為基礎的社會結構之中，對公地的佔有制度在過去曾經促進了

家庭的人口繁衍。在屬於整個宗族的公地中，大戶人家(至少直到最近還是這樣) 被授予了較大的比例。公地的佔有和緊密的血緣親族對兒童的養育一起，成為了人口繁衍的外部性的一個源頭，對生育起到了刺激作用。相比之下，在印度次大陸，耕地並非共同所有的，這可能是該地區耕地比較稀缺的一個反映。過大的家庭規模將會帶來土地所有的分割，這就會對刺激繁衍的激勵起到抑製作用。

家庭的交易需要

(i) 保險

人們投保以使自己免受風險的侵害，這實際是以某些形式來降低風險。人們為了達到這一目的，就要在不確定的突發事件之間交易商品和服務，在無論何事發生的情況下繳納小筆保險金，在萬一發生不幸的情況下獲得補償。避免風險似乎是人們普遍的強烈要求。如果德絲塔的父母有兩個選擇——確定性地獲得5000美元，或同等概率地獲得4000美元或6000美元，那麼他們將會選擇那筆確定性的收入。儘管這兩種選擇的均值是相等的(5000美元)，後者卻包括了不確定性，而前者沒有。但如果提供給他們這樣兩種選擇呢——確定性地獲得5000美元，或同等概率地獲得3000美元或11,000美元？後一個選擇充滿風險，但它的均值(或平均數)卻是7000美元，也就是(3000+7000)

美元/2，這比起5000美元來要高出很多。他們將做出哪種選擇，我們並不清楚。風險厭惡者也有可能去冒險，但僅限於在這些風險可能會帶來更高收入的情況下。在這個例子中，較低的數值是3000美元，它也許會危及這一家人的未來。在這種情況下，那種包含風險的選擇會被捨棄。類似地，人們會付錢以求降低風險，但僅限於在他們所支付的數額並不是太高的情況下。

德絲塔村莊中的家庭無法與保險公司接觸，政府也不會為天災投保。村民們通過互惠的方式來相互投保(第二章)。問題在於，社區能夠為每個家庭提供的防範風險的緩衝可謂少之又少。當德絲塔父親的莊稼因為暴雨突至或蟲害滋擾而欠收的時候，鄰居家田地裏莊稼的情況也好不到哪兒去。德絲塔的家庭需要援助的時候，也正是社區中的其他家庭需要援助的時候。類似地，當德絲塔一家莊稼大豐收的時候，其他的家庭也是如此。用統計學的語言來講，村莊範圍內的農業風險是「正相關的」。因此，儘管對於在德絲塔的世界中生存的人們來說，社區是至關重要的，但它卻無法給每個家庭提供改善生活的機會。因為人們無法確保自己不會受到失敗的挫折，所以他們並不願意從事能夠提供巨大成功機會的活動——如果隨之而來的還有慘敗的可能性。德絲塔的世界依舊貧困，部分原因在於，他們尚未建立起各種制度，能夠使人們

投身於促進生產力，但充滿風險的活動之中。

　　由於他們能夠獲得的足以對抗莊稼欠收的保險服務實在有限，德絲塔所在村莊中的家庭採用了其他的策略來降低風險，例如使他們的作物多樣化。德絲塔的父母耕種了玉米、埃塞俄比亞畫眉草和假香蕉（一種劣等作物），盼望着即使某年玉米的收成不好的話，假香蕉也不會令他們失望。德絲塔村莊裏的本地資源基地是大家共有的，其部分原因很可能是出於共同抵抗風險的考慮。就空間而言，林地是非同質的生態系統。在某一年中，某一批植物會結果，在另一年中則會是另一批植物。如果林地被劃分為私人佔有的小塊，每個家庭將會面對比集體共有制度下更高的風險。儘管集體共有制度給每個家庭所帶來的風險降低量很小，但由於平均收入非常低，單個家庭從集體共有制度中獲得的收益很大。

　　貧窮世界中的很多社會實踐反映了降低風險的共同願望。例如，婚後居住在男方家庭和父系制度，使得男人能夠充份利用他們從小積累下來的關於其地區土地特質的知識。這兩種實踐在以犁耕為基礎的大多數農業文化中已被確立為規範。相關地，兩個村落之間的距離越大，它們的農業產出之間的關聯就越小。我們應當可以預期：如果一個家庭面對的作物欠收的風險較高，它將會與距離較遠的村落中的家庭聯姻。在這一點上，也有零星的證據存在。

與德絲塔的父母不同，貝基的父母能夠接觸到一套複雜的保險市場系統，它可以為全國(甚至全世界，如果這家保險公司是跨國企業)成千上萬家庭的風險進行共保。而且，如果出現未投保的突發事件(地震、洪水)，政府也會出來挺身相救。比起德絲塔的父母所能實現的，這一點有助於大大地降低個人風險。為甚麼？首先，空間上相隔較遠的風險比起空間上臨近的風險，彼此之間的關聯度通常會較低。第二，貝基的父母可以與很多其他家庭一起，對風險進行共保。有了足夠多的家庭和彼此之間足夠獨立的風險，共保行為就可以很好地為每個家庭保證一種低風險的結果。這是概率論中著名的大數定律的一個應用。在不同的情況下，一個家庭所遭受的厄運幾乎可以與相隔很遠的另一個家庭的好運相匹配。大數定律說明的是，如果使得各個保險公司之間互相競爭，那麼每個家庭被收取的保費，將等於平均責任與保險公司的管理成本之和。當然，這些成本可能會很大，因為它們不僅包括了不可避免的書面工作所耗費的時間和資源，還包括了在摒除嚴重風險(為保險公司防範逆向選擇問題)和監控被保險人是否對嚴重風險實施了正當關注(防範道德風險)的過程中所耗費的資源。因為能夠利用大數定律，因此市場和政府結合起來要遠比社區優越，儘管還存在上述的管理成本。在市場上，人們能夠在很大程度上為他們所面對的風險投保。有了這樣的能

力，他們就能夠壯起膽子，接受充滿風險但卻擁有高預期回報的挑戰。這正是為何貝基的世界目前如此富裕的原因之一。

(ii) 借貸、儲蓄和投資

如果你不借助於保險，你的收入將在很大程度上取決於你是否幸運。購買保險有助於降低對運氣的依賴。人類降低這一依賴的渴望是與另一個同樣尋常的渴望——均衡(換言之，使均等)跨期消費——密切相關的。我們並不願意今天饕餮大餐而明天忍飢挨餓，或者經歷周期性的繁榮和蕭條；我們寧願每天適度飲食，有規律地度假，等等。當然，人們的確會在一生的某些時期擔負巨大的開支，例如購買房產、支付子女的學費、慶祝婚禮以及籌措喪葬費用等等。一生之中的收入的流量往往並不能很好地匹配支出的需要。因此，人們會去尋找跨期轉移消費的途徑。

抵押、為子女的教育而儲蓄以及養老金有助於人們跨期轉移消費。貝基的父母為他們的房產做了抵押貸款，因為在購買時，如果沒有貸款，他們是無法籌集那麼多資金的。因此而存在的債務使他們的未來消費有所減少，但也使得他們在那個時候能夠買下這座房產。貝基的父母也向養老保險基金付款，這將他們的當期消費向退休後的未來轉移。德絲塔的父親參加了社區保險計劃，目的是為了能夠支付葬禮的費用。

為當期消費而借貸，會將未來的消費轉到現在；儲蓄和投資則正好起到相反的效果。由於資本是能夠增值的，因此今天投資的一美元，明天就會變得多於一美元。這也是為甚麼在貝基的世界中，借貸會意味着必須償還利息，在金融機構儲蓄意味着獲得利息，而在股票市場投資則會帶來正收益（如果運氣好的話）的原因之一吧。

為了使這些關於市場經濟的觀點正式化，讓我們忽略不確定性，設想一下，比如你可以花費100,000美元從國外購買一台機器設備。扣除每年付出的人力、中間產品、維護費用、部件更換、市場營銷費用等成本，這台機器每年將給你帶來5000美元的淨收入。這意味着，如果你買下了這台機器，你的投資每年將會給你帶來5%（5000/100,000）的收益。來假設一下，現在有大量的投資機會。如果你願意購買這台機器並使它運轉起來，那麼當時的情況一定是，沒有其他可行的投資機會能夠帶來多於5%的年收益。大概存在很多投資項目，每年的收益低於5%。你立刻就不會考慮它們了。

你恰好有很多很多錢（實際上，你就是一家銀行），而且有人找到你，向你借款100,000美元，來為購買房產籌措資金。你應當為預支給他的這筆資產收取5%的利率。只要少於這個數字，你就會喪失收入（你投資於另一台機器設備或者其他能夠帶來5%年收

益的投資機會，會更划算些）；如果多於這個數字，一家對手銀行就會用更低的利率搶你的生意，把這個借款人吸引走。但你願意當個專業的銀行家。因此你不願意自行開工生產，你會把錢借給願意開工生產的企業家們。你該向這些企業家收取多高的利率呢？當然是5%。如果你收得太低，你會面對無限制的借款需求；如果你收得太高，就沒有人來向你借款了。

當貝基的父母仔細考慮其消費和儲蓄決策時，一個將他們所面對的情況公式化的簡單方法就是假設，他們將自己看作是某個朝代的成員。這是換一種方法來表達：貝基的父母並非僅僅考慮他們自身以及貝基和薩姆的福祉，還會考慮到他們未來的孫輩、曾孫輩等等的福祉。他們當然並不是很直接地這樣做。貝基的父母只是將他們子女的福祉直接考慮進去，但是(這才是重點)父母清楚，當輪到貝基和薩姆做出消費和儲蓄決策時，他們也會將他們自己子女的福祉考慮進去，孫輩會將曾孫輩的福祉考慮進去，世世代代，依此類推。貝基的父母為其子女的教育做出了相當大的一筆投資，但他們並未期望能夠因此得到回報，他們也並不會為其孫輩的教育而儲蓄，因為這件事被看作是貝基和薩姆未來的責任。在貝基的世界中，資源是從父母轉移到子女的。子女是父輩福祉的直接源頭，而並非投資品。毋庸贅言，對未來事件的預期，在這些有跨世代意義的考慮中起到了重要的作用。

有證據表明，在其他條件相同的前提下，人們偏好當前消費，勝於等待未來。這其實就是換一種方法來說，我們都是「不耐」的。我們具有這種傾向，有可能是因為明天對我們來說並不存在(儘管這個概率很小)，或者是因為我們害怕，如果我們等待，消費期望可能就得不到了(請回憶一下那句諺語「二鳥在林不如一鳥在手」)。無論那個內在的原因究竟是甚麼，這種「不耐」意味着，我們給未來消費打折扣的原因正是在於它將出現在未來。但在其他條件相同的情況下，人們卻又有一種使各個時期消費相等的渴望。這其實就是換一種方法來說：比起消費水平較低的情況，在消費水平較高的情況下，我們對邊際消費的增加懷有較低的慾望。然而，無論是「不耐」還是平衡消費的願望，都與下面這個事實不一致——在貝基的世界中，幾十年來，人們變得越來越富裕，消費越來越高；同時，也與下面這個事實不一致——他們希望在可預見的未來繼續這樣下去。為甚麼人們在過去不減少儲蓄，以此來平衡消費呢？同樣地，為甚麼貝基的父母不以犧牲子女未來的一些消費為代價，來提高當期的消費呢？

為了尋找到解釋，我們很現實地做出假設——儲蓄的收益率要比人們「不耐」地進行當期消費的收益率高。出於理論上的目的，我們接下來不妨假設，這一「不耐度」可以忽略不計，而且資本市場為儲蓄提

供了正收益率，例如，每年5%。現在來考慮一下：一個家庭今年可以承受120,000美元的消費水平，明年也可以承受120,000美元的消費水平，我們將其寫作(120,000美元，120,000美元)。由於儲蓄的年收益率是5%，這一家人顯然可以懷有(119,999美元，120,001美元)的期望。對於長期消費均等的渴望，意味着一家人認為(120,000美元，120,000美元)比起(119,999美元，120,001美元)是更加令人期待的。因此，如果這一家人在今年被要求消費119,999美元的商品和服務的話，那麼他們將期望下一年能夠消費多於120,001美元的商品和服務，以此作為補償。是否存在一種這家人能夠承受，而且會令他們覺得比(120,000美元，120,000美元)更加令人期待的消費期望呢？答案是肯定的。我們甚至可以多説一句：平衡消費的渴望與儲蓄的正回報預期意味着，在一個家庭能夠承受的所有消費期望中，這個家庭認為最令人期待的那一組的消費將會是隨時間增長的。

定義一個新術語將會有助於證明上面的這一觀點。該家庭願意以某個百分比把當年的消費替換為下一年的消費。讓我們把這一百分比稱為該家庭在這兩年之間的消費貼現率。如果這一比率是r，那麼該家庭下一年將需要(1+r)美元的額外消費，才能對當年減少一美元的消費進行彌補。這實際是換一種方法來説，這個家庭下一年每一美元的額外消費，價值相當於1/

（1+r）美元的當年消費（我們在第二章中使用過這一推理）。例如，一個面對的消費期望是（120,000美元，120,000美元）的家庭，其消費貼現率為零（請記住，這個家庭並非「不耐」，在其他條件相同的前提下，它希望使得跨期消費能夠均衡）；反之，一個面對的消費期望是（120,000美元，125,000美元）的家庭，其消費貼現率為正（這個家庭並非「不耐」，在其他條件相同的前提下，它也希望使得跨期消費能夠均衡）。

我們可以來陳述一個一般性的結論，其現時形式歸功於經濟學家費雪（Irving Fisher）和數學家、哲學家、經濟學家拉姆齊（Frank Ramsey）：在一個家庭能夠承受的所有消費期望中，最令他們期待的那一組，在其中的任何一個時點上，消費貼現率都等於儲蓄收益率。證明這一點非常簡單：如果消費貼現率小於儲蓄收益率的話，這個家庭將會希望增加一點當期儲蓄；但增加一點當期儲蓄就意味着減少一點當期消費，這將會使得消費向未來傾斜，於是將反過來使消費貼現率上升。另一種情況是，如果消費貼現率大於儲蓄收益率，該家庭將會希望減少一點當期儲蓄；但減少一點當期儲蓄就意味着增加一點當期消費，這會使得消費向現在傾斜，於是將反過來使消費貼現率降低。於是，我們就證明了，在最優的一組消費期望的任何一個時點上，消費貼現率都等於儲蓄收益率。

平衡消費的願望和「不耐」的缺乏說明了，僅當

消費隨時間增長的情況下，家庭的消費貼現率才會為正。這就解釋了為何跨期平衡消費的願望，會轉化為生產性經濟中不斷增加的消費。我們可以進一步概括這個結果：如果消費的「不耐度」低於儲蓄收益率的話，那麼一個希望平衡跨期消費的家庭將會進行儲蓄，以享受不斷隨時間增長的消費。

對於德絲塔的父母來說，這種計算方式是非常不同的。他們的家庭在跨期轉移消費的能力方面，受到非常嚴重的約束，因為他們無法接觸到資本市場。誠然，德絲塔的父母在他們的土地上進行投資(清除雜草、留出部分休耕地，等等)，但這是為了防止土地的生產力下降。而且，德絲塔一家在每個收穫季節之後能夠消費玉米的唯一方法，就是將它儲存起來。然而，嚴酷的事實是，田鼠和潮濕的空氣是一對強大的組合。存貨貶值意味着儲存行為的收益率為負(今天儲存的1千克玉米到明天將少於1千克)。一個和剛才我們為貝基父母而提出的論斷極為相似的論點可以被用來證明：德絲塔的父母將會認為，在每次收穫之後的幾周內比在接下來的各周多吃一些，是他們的最優選擇。這就解釋了，為甚麼隨着下一個收穫季節的臨近，德絲塔一家吃得越來越少，身體變得越來越弱。德絲塔的父母已經意識到，人的身體比起他們儲存玉米的地面來，是一個更好的倉庫。因此一家人在緊隨每個收穫季節之後的月份中，比在其他月份中吃掉更

多的玉米，他們利用積累起來的體力，度過下一個收穫季節前面的那幾周——在此之前，所有的玉米儲備都已經消耗殆盡了。在這些年中，玉米的消費遵循一種「鋸齒」狀的模式，這一實踐已經在從事生存農業的家庭中被廣泛觀測到。由於德絲塔和她的兄弟姐妹們也參與日常家庭生產，他們屬於經濟上的寶貴資產。與貝基一家不同，德絲塔一家中的資源是從子女向父母轉移的。

前面我們已經提到過，為何在非洲撒哈拉沙漠以南地區，人們的目標是擁有更多數量的子女。德絲塔有5個兄弟姐妹。不幸的是，人口的高增長給當地的生態系統施加了許多額外的壓力，以至於原本管理得很合理的本地公產，現在也逐漸衰敗下去。這種現狀都反映在德絲塔母親的抱怨中——近些年來，從本地公產上採集每天的必需品所花的時間和精力，是越來越多了。

企業

我們將企業定義為一種制度——其唯一的目的就是為市場生產商品和服務。有些企業從那些收入和流動資產超過其支出的人們(年輕的家庭，例如貝基一家)那裏把儲蓄「挪走」，並將其轉移到那些希望支出多於其收入和流動資產的人們(退休的人們，如貝基的祖父祖母)手裏——這些企業構成了一個經濟體的金

融系統。金融機構包括銀行、信用卡公司，以及信貸儲蓄聯盟(在英國則被稱為「房屋抵押貸款協會」)等等。類似地，保險企業使得人們能夠在不確定的突發情況下，對收入進行轉移。接下來還有生產商品(機器工具、維修服務、食品等等)的企業。破產是企業中廣泛存在的一種現象。在美國，1990年有大約646,000個新企業建立起來，但就在同一年，也有大約642,000個企業登記破產。這組數據能讓你對貝基世界中這種情形的規模有一種感性認識。很明顯地，企業出現了，又消失了。

有限責任公司和股份公司

　　與基礎設施(第四章)相同，製造行業，甚至零售部門都可以享受規模經濟帶來的好處。為了發展壯大，一家企業通常不得不進行大規模投資，這意味着它需要為它的新投資拓寬資金來源。獨資企業(一個所有人)或合伙企業無法做到這一點。一個企業的所有者們如果獲得有限責任權利的許可，就能夠吸收更大的風險，這時，這個企業就可以稱為公司了。公司可以通過「上市」和發行股份(稱為該公司的股票)來募集資本。通過購買一家公司的股票，投資者就有權擁有該企業紅利的一部分份額。該公司有責任償還它的一切債務。萬一它破產了，它的資產就會被出售。通過出售其資產獲得的資金，首先要支付給其債權人(銀

行、公司債券持有人)，如果還有剩餘，將會支付給股東。如果一家公司破產，股東們很有可能把通過購買其股份而投資的金錢損失殆盡，但他們的損失並不會超出原始投資(這就是有限責任)。

一家企業上市，意味着它的股份可以在股票市場上交易。股票市場通過允許人們購買(或在他們願意的

圖12　在法蘭克福證券交易

時候出售)不同公司的股份，使得投資者們能夠分散其風險——即使他們正在為了未來而進行儲蓄。從購買某家公司的股份中所獲得的收益，是紅利加上這些股份的資本收益(或損失)之和。

公司能夠通過以下三種方式來為它們的新投資籌措資金：(i)從金融機構貸款或發行債券，(ii)保留公司的部分收益，(iii)發行更多的股份。從股東們的角度來看，一個公司管理層最理想的行為方式將能夠使企業在股票市場上的價值最大化。問題在於並沒有兩個股東會就那種理想的行為方式究竟是甚麼達成一致，管理層也不太可能與股東們就這一點達成一致。而且，股東們會面對一種道德風險，因為管理層的很多行為很可能是無法確認的。公司股份在股票市場上的價格，綜合反映了投資者們對購買的股份中涉及的風險的看法。公司的資產負債率會對管理層的激勵產生影響：如果債務太少，管理層努力工作提高效率的激勵就會不足；如果債務太多，則較高的破產風險會對公司的行為起到擾亂作用。因此，一家公司的財務結構對外部世界來說是一個信號。它會影響市場對該企業的前景所持有的信念。從管理層的角度來看，發行債券的行為示意股東們，管理層會被激勵去努力工作，並保證和提升公司的前景。而且，在美國，公司債務引起的利息支付是可以稅前列支的，而紅利直到最近才是可以稅前列支的。這些事實有助於解釋，為

甚麼成熟的企業為大部分的投資籌措資金(指的是超過留存盈餘的部分)時，都是通過向銀行借貸或發行債券的方式。時至今日，在美國有超過90%的公司的新投資經費都是由債務提供的。

有限責任的股份公司的出現(在1855年由英國國會的《有限責任法案》所鞏固)，被普遍認為是商業史上最重要的制度改革之一。在公眾的心目中，公司反映的是「大企業」。這並非沒有道理，但它卻根本沒有抓住要點。在美國，股份公司的數量還不到私營企業總數的20%，但它們卻獲得了80%以上的收入。前面說過，家庭可以通過公司這樣的機構，在很遠的地方進行投資，同時也能夠分散其風險，這是社會的一個極大的進步。這是貝基世界的經濟成功的背後，一個非常重要的因素。

第七章
可持續的經濟發展

經濟發展是一件好事。雖然它並不一定會換來幸福(第二章),但它通常會換來更高的生活質量。表1說明了,實際人均GDP的增長與人們能夠享受到的生活方式的改善是齊頭並進的。但經濟是否能夠無限制增長?增長有沒有一個限度呢?用一個更現代的方式來提這個問題:實際GDP的增長是否能夠與可持續的經濟發展共同存在呢?

互相矛盾的觀點

這個問題是幾十年來的老生常談了。如果與之有關的爭論繼續保持尖銳,那也是因為兩個對立的實證角度造成了這種情況。一方面,如果我們着眼於自然資源的一些具體實例(淨水、海洋捕魚業、作為碳氧化物排污「下水道」的大氣層——概括地說,就是各個生態系統),那麼就會有很充份的證據表明,我們目前開發利用它們的速率絕非可持續性的。在20世紀中,世界人口增長了4倍達到60億,工業產出增加了40倍,能源使用增長了16倍,產生甲烷的牲畜頭數的增長速

· 151 ·

度與人口增長齊頭並進，捕魚量增長了35倍，二氧化碳和二氧化硫的排放量則增長了10倍。氮元素在陸地環境中的應用——肥料、礦物燃料以及豆類作物的栽培——目前至少已經與所有自然資源的應用總和相當。生態學家估計，由陸地光合作用所產生的淨能量的40%，已經被「挪作人用」了。這些數字顯示了我們存在於地球之上的規模，並顯示出人類已經在短短的一個世紀之間，給自然造成了前所未有的紊亂。

另一方面，有人則提出，貝基世界的前人們為了給貝基的父輩留下獲得高收入水平的能力，而在科學技術、教育、機器設備上進行投入，貝基的父輩現在也正在進行投入，而這種投入將會確保未來更高的生活水平。同樣有人提出，已經市場化了的自然資源(例如礦石)的價格歷史上一直是趨於平穩，因此並沒有值得警惕的理由。經濟的增長使得更多人能喝上飲用水，並受到更好的保護，不會患上以空氣和水為媒介的傳染病。隨着經濟增長，家庭中的物質環境有了長足的改善，在印度次大陸，烹調仍然是婦女患呼吸疾病的一個主要原因。當今，自然資源具有更好的移動性，因此一個地區減少的資源，可以從另一地區進口來彌補。知識份子和評論家們使用「全球化」這個詞來暗示，地理位置本身並不重要。這一富有樂觀主義色彩的觀點強調，資本積累和技術進步，完全有彌補環境退化的潛能。它還主張，經濟增長即使照目前的

狀況保持下去，也是可以和可持續發展兼容的。這也許可以解釋，為甚麼現代社會會一直想着文化復興，而且對「我們應該尋求生態上的生存」這樣的主張漠然置之。

從廣義上講，環境科學家和環保積極份子們抱有前一種看法，而經濟學家和經濟評論家們則堅持後者。「我們的經濟源自自然，並建於其上」無疑是一種陳腐的説法，但不知道你們是否注意到，我在前面(第一章)所羅列出的生產性資產的清單並未包括自然資本。在我們對宏觀經濟歷史的講述中，自然並非主角，這是因為它並沒有在有關國家關鍵統計數據的正式出版物中出現。礦物和礦物燃料的提取雖然被包含在近代國家的賬目中(儘管沒有被降格)，但除了農業用地之外，自然資本在這裏出現得非常少。如果自然所提供的服務在本書中順帶有所記錄的話，這也是因為，在關於經濟增長和經濟貧困的理論和實證的文獻中同樣是如此的。

自然資本：分類

自然資本可以在消費中被直接使用(捕魚)，也可以在生產中作為投入而被間接使用(石油和天然氣)，還可以在消費和生產中都得到使用(空氣和水)。一種資源的價值經常源自它的有用性(作為一種食物來源，或在生態環境中作為一個重要因素，例如一個重要的

物種)，但是還有一些資源，其價值是美學角度上的(風景名勝地)，或者是內在的(靈長類動物、藍鯨、聖林)，或者是這三者的組合(生態的多樣性)。一種自然資源的價值可以基於以下三個方面：從其中獲取了甚麼(木材)，作為存量的存在(林木覆蓋)，或兩者兼有(分水嶺)。

生態學家和環境學家埃爾利希(Paul Ehrlich)、霍爾登(John Holdren)、雷文(Peter Raven)，還有更近一些的德利(Gretchen Daily)、盧布陳科(Jane Lubchen)、馬特森(Pamela Matson)、穆內(Harold Mooney)，以及其他人都曾讓我們看到了生態系統在經濟上的重要性。就像我在這裏所做的這樣，以一種包容的態度來解釋自然資本，就可以將生態系統也納入到資本資產的列表中。它們所生產的服務包括：維持一個基因庫，保持土壤和使土壤重生，固定氮元素和碳元素，回收營養物質，控制洪水氾濫，過濾污染物，吸收廢物，為莊稼授粉，使水份循環運轉，以及保持大氣中的氣體成份。這其中的許多是世界範圍的(大氣)，但很多又是區域性的(小型分水嶺)。

污染物是資源的對立面。大致說來，「資源」是「正常品」(在很多情況下，它們是污染物排放的「下水道」)，而「污染物」則是「劣等品」(它們使資源「降級」)。如果在一段時間之內，通過某個「下水道」排放出的污染物超過了它的吸收能力，這個「下

水道」就會崩潰。因此，污染是環境保護的對立面。在接下來的內容裏，我們將交替使用自然資源和環境這兩個詞語。

環境經濟學中的兩個簡單實踐

為了證明經濟學能夠天衣無縫地與環境科學整合起來，先來討論一下以下兩個常常見諸新聞媒體的話題，將會是很有用處的。第一個是自由貿易的擁護者和反對者之間的一個激烈爭論的話題——反對者們的理由是，自由貿易經常會傷害到德絲塔世界中那些赤貧的人們。第二個則是這樣的一種看法：因為排放到大氣中的二氧化碳所帶來的經濟影響，恐怕要一兩代人之後才能感受到，因此我們不必現在就為氣候變化做任何事情。

貿易擴張和環境

現在應該很少有人懷疑：在其他條件相同的前提下，自由貿易將會使經濟增長得更快。大量的實證工作證明了這一點。也有一些證據表明，窮人作為一個群體，同樣在享受經濟快速增長的果實。然而，由於經濟增長對於環境的影響很少得到評估，開放自由貿易的影響仍然不是非常明朗。如果這給社會中那些最貧窮的人們帶來的是不良影響，那麼不在同時採取預防措施的情況下開放自由貿易，這究竟是否能帶來好處，還有待商

權。下面的實例説明了貿易擴張能夠帶來的不良影響。

高森林覆蓋率的貧困國家的政府創造收入的一種簡單途徑，就是將林木採伐的特許權發放給私人採伐企業。設想一下，某分水嶺的山地林的採伐權被發放出去了。森林砍伐會導致淤積增加和下游發洪水的風險增大。如果法律認定了那些受害者的權利，那麼採伐企業就必須對下游的農民和兩岸的漁民做出補償。但法律和法律的執行之間，存在着一道鴻溝。當損害的原因遠在數英里之外，當林木採伐的特許權由政府發放，當受害者只不過是一群零散的貧困農民和兩岸漁民時，協商的結果通常無效。情況甚至有可能是，那些受害者對於造成他們的境況日益惡化的原因，根本無從知曉。如果採伐企業並未被要求對那些受到損失的人做出補償，那麼私人採伐的成本就會低於採伐行為的實際成本——後者是採伐企業和所有受到負面影響的人所擔負的成本之和。從國家的考慮來看，木材是以低於實際的價格出口的，這也就是説，在上游有過量的森林砍伐行為。這也意味着，對於出口有一種無形的補貼，這種補貼是由那些被逐出林地的人們以及下游的人們所支付的。這種補貼隱藏於公眾監督之外，但它實際上相當於從出口國家到那些木材進口國家的一筆財富轉移。貧窮國家中一些最為貧困的人，將對富裕國家中那些普通的進口者的收入進行補貼。

遺憾的是，我無法向你解釋這些補貼的規模到底有多大，因為並沒有人來對其進行評估。國際組織擁有用來從事這些研究的資源，但就我的了解，他們並沒有這樣去做。這個例子並不該被拿來反對自由貿易，但它可以被用來警示那些提倡自由貿易，而對它的環境影響置之不理的人們。

對氣候變化的貼現

我的第二個例子和溫室氣體的排放以及由此帶來的全球氣候變化有關。這是政府間氣候變化專門委員會（IPCC）一直研究的一個主題。

全球大氣中二氧化碳的濃度在11,000年以來直到18世紀初期，還一直位於百萬分之二百六十（260ppm）左右，但目前這一數字是380ppm。（我們將會忽略另一種溫室氣體甲烷的濃度。）關於地質時期氣候變化的最可信賴的證據來自南極地區的冰核，它揭示出，在過去的420,000年中，直到18世紀初期為止，二氧化碳的最大濃度只有300ppm。這一漫長的時間跨度見證了4個冰川期和間冰期的循環，每個循環大約持續了100,000年。左右這些循環的，是到達地球的太陽輻射的規律變化，太陽輻射的影響通過地球環境產生的反饋和作用力被放大了。

我們目前生活在一個間冰期，這也就是說，地球正在經歷一個溫暖的階段。如果目前碳氧化物的排放

趨勢繼續下去，二氧化碳的濃度將有望在這個世紀中葉達到500ppm（這幾乎是前工業時期水平的兩倍），並在2100年時高達750ppm（這幾乎是前工業時期水平的三倍）。二氧化碳的濃度如果在目前的基礎上翻一番，預計將會導致全球大氣平均溫度上升3到7攝氏度。如果二氧化碳的濃度變為原來的三倍，平均溫度則會上升6到11攝氏度。即使是僅僅上升3度而到達的水平，也已超出了在過去420,000年中地球所經歷的最高溫度了。這種變化的速度是最為重要的一點，因為它將意味着，我們的資本資產中有很大一部分將會在其計劃報廢日期的很早之前就變得不再有用了。我們的一些基礎設施甚至會消失在不斷上升的海平面下。為了重建我們的資產，人們需要進行額外的投資，這將把資源從消費中轉移走。如果我們將氣候快速變化所帶來的影響加在生態系統之上（人們對之並無免疫力的疾病環境的變化，生態系統的構成、地理分佈和生產力的退化），那麼這種潛在的成本看上去就會十分驚人。然而，當2004年8位傑出的經濟學家被邀請到哥本哈根，為這個世界社區如何最有效地在5年間花費500億美元提供建議時，他們卻將氣候變化列在了10個選項的最末位置。

為甚麼經濟學家們會這樣做？他們這樣做是因為他們的推理過程是建立在對未來成本和收益以正貼現率進行貼現的基礎之上的。減少全球碳氧化物排放

量，或是對碳氧化物吸收技術的投資，都會立刻產生巨大的成本，但避免經濟崩潰所帶來的收益，只有在50年到100年之後才能享受到。美國政府債券的長期利率在每年3%–5%之間。那裏的經濟學家們對公共項目做出評估時，通常會用這樣一個數字來對未來的成本和收益進行貼現，將其看作是「資本的機會成本」（這個術語本來是應用在通過投資政府債券而獲得的利率上的，而非用在對成本和收益進行評估的項目上）。然而，在3%–5%的貼現率水平上，遠在未來的消費收益在今天看來可謂微乎其微。如果你的貼現率是每年4%，那麼價值1美元的額外消費收益到了100年後，其價值就只有今天的3美仙了。換另一種方法來說，如果放棄價值1美元的當期消費，那麼作為補償，你將會要求在100年後得到價值30美元的消費收益。大量的有關氣候變化的經濟模型已經證明，如果你採用4%的年貼現率，那麼成本（也就是負的收益）將大於貼現後的、由阻止淨碳氧化物排放而得來的收益。這一計算結果表明，現在為氣候變化所做的一切，實際是向一個相對劣質的項目中白扔錢。

全球社區是否應該以一個正貼現率來對未來的消費收益進行貼現呢？和私人層面上的家庭（第六章）一樣，集體層面上的家庭也是如此：有兩個原因可以解釋為甚麼全球社區以一個正貼現率對未來的收益進行貼現，是合情合理的。首先，如果全球社區迫不及待

地要去享受當前收益，那麼比起當前收益，未來收益的價值會降低。這種「不耐」就是以正貼現率對未來成本和收益進行貼現的原因之一。第二，出於對正義和公平的考慮，跨世代的人均消費理應達到均衡。因此，如果未來的每代人將會比我們富有，那麼還存在這樣一個問題：在其他條件相同時，對他們的每一美元價值的消費相對於我們的每一美元價值的消費，我們會進行低估。上升的人均消費水平為以正貼現率對未來成本和收益進行貼現，提供了第二個正當理由。

哲學家們認為，社會的「不耐」從倫理上來說是站不住腳的，因為這種「不耐」僅僅是因為未來各代現在還不存在，就偏好那些歧視未來各代的政策。一旦我們認可了他們的觀點，留給我們的就只有第二個理由了——對未來成本和收益進行貼現。但如果逐漸上升的人均消費水平為全球社區提供了以正貼現率對未來消費收益進行貼現的理由，那麼，逐漸下降的人均消費水平也將會為它提供一個以負貼現率對未來消費收益進行貼現的理由。我們注意到，在家庭層面上，後一個可能性與德絲塔父母在決定如何分配玉米的消費量時所面對的兩難選擇是密切相關的(第六章)。

經濟學家們在他們關於氣候變化的模型中使用了正貼現率，因為這些模型假設：即使溫室氣體的淨排放量保持現在的趨勢，全球人均消費水平在未來的150年或更長的時間裏仍然會持續增長；這實際就是假

設，氣候變化對未來並不會產生嚴重的威脅。但全球平均氣溫上升3–5攝氏度，將會把整個生物圈帶到一個地球上數百萬年都未曾經歷過的氣候帶中。我們的生產基礎這樣變化，可能產生的後果將會非常嚴重，當地球進入了這個氣候帶之後，對這類「經濟將持續發展」的預測的質疑都不會是杞人憂天的行為。如果今天沒有做甚麼實質性工作來尋找隔絕碳氧化物的途徑和尋找礦物燃料的替代品，那麼對跨地區和跨收入人群做出適當權重後的全球人均消費水平將極有可能會下降——比如出於以下原因：極惡劣的天災的發生頻率大幅增加，熱帶發生的更加嚴酷的旱災，新致病原的出現和重要的生態系統的退化。假設你害怕這一點，你就應該用一個負貼現率來對未來消費收益進行貼現。但要注意的是，從當期角度看來，應用負貼現率將會對遙遠未來的收益產生放大作用，而不是減低收益的價值。

讓我們做一次運算來感受一下這個數量級。基於社會和個人選擇的實證證據表明，一個社會在貼現未來消費收益時所用的貼現率，大約是人均消費水平變化率的三倍。假設一下，碳氧化物的排放量繼續當前的趨勢（通常被稱為「一切照舊」）。來考慮這樣一個情形：在今後的50年內，全球人均消費水平以每年0.5%的速度增長，但在之後的100年內會以每年1%的速度下降。在這個情形之下，全球社區理應在今後的

50年內，以1.5%的年貼現率（3乘以0.5%）——在其後的100年內以-3%的年貼現率（3乘以-1%）——對未來的消費收益進行貼現。現在，通過簡單的運算就能證明，150年後價值1美元的額外消費將相當於價值9美元的當前額外消費。換一種說法，全球社區理應為未來150年後的1美元價值的額外消費而放棄價值為美元的當前額外消費。這一計算結果與那些關於氣候變化的經濟模型所傳達的信息是完全相反的。

毋庸置疑，即使在上面的情形下，私人投資者們也將會用一個正貼現率對其個人收入進行貼現。他們之所以這樣做，是因為商業銀行所提供的儲蓄利率極有可能還會是正的。但這裏並不存在矛盾。在「一切照舊」的前提下，大氣仍然是一種開放獲得的資源。只要人們還能夠隨意地排放二氧化碳，那麼在私人的投資收益率和全球社區用以對共同成本和收益進行貼現的貼現率之間，就會存在一道鴻溝。很有可能在前者為正的情況下後者為負。這一鴻溝部分地說明了為甚麼我們要控制碳氧化物的排放量和為甚麼要將兩個比率拉近，這可不能說明為甚麼全球氣候變化的問題應該擱置。

GDP和生產基礎

我們剛才所進行的不過是兩個「指法練習」而已。然而它們卻向我們展示了，自然資本是如何被引

入微觀經濟學的邏輯推理中的。讓我們來看看它是否可以被引入宏觀經濟學的邏輯推理中。

一家國際委員會於1987年在所作的一篇著名報告（廣為人知的《布倫特蘭委員會報告》）中，將可持續發展定義為「……既滿足當代人的需求又不危害後代人滿足其需求的發展」。在這一定義中，可持續發展要求，每一代人（相對於其人口而言）應當留給後代的生產基礎至少要與自身所繼承的規模相等。請注意，這一要求是從「代際公平」這一相對弱化的概念之中衍生出來的。可持續發展還要求，我們的後代應該擁有比我們這一代更多的途徑，來滿足他們的需求；它並未要求更多的東西。可是，一代人該如何判斷他們是否給後代留下了足夠的生產基礎呢？

很容易看出，僅僅着眼於GDP是無法達到這一目的的。一個經濟體的生產基礎，就是它的資本資產的存量和制度（第一章）。提到資本資產，我們指的不僅僅是生產資本、人力資本以及知識（這是我們在第一章所講述的內容），還包括了自然資本。我們現在就來揭示，為了驗證一個經濟體的生產基礎是在擴張還是在收縮，究竟該看哪些方面。如果一個經濟體的資本資產的存量貶值，而且它的制度無法取得足夠的改善以補償這種貶值，那麼很明顯，這個經濟體的生產基礎將會萎縮。GDP是「國內生產總值」的首字母的縮略。「總值」這個詞意味着，它忽略了資本資產的貶

值。一個經濟體的生產基礎的增長完全有可能伴隨着其GDP的增長(這一點在我們研究表2的時候會得到驗證),這無疑是我們都願意來因循的一條經濟發展路徑;但也有可能,在一個經濟體GDP增長的同時,它的生產基礎卻在萎縮(這一點在我們研究表2的時候,同樣會得到驗證)。問題在於,當所有人的眼光都盯在GDP上的時候,沒有人會注意到這種萎縮。如果生產基礎持續萎縮,經濟增長遲早將會停滯,並將會出現負增長。生活水準也會隨之下降,但沒有人曾經預料到這一下降將要發生。因此,人均GDP的增長可能會使得我們認為一切正常——實際並不是這樣。類似地,也有可能一個國家的人類發展指數(HDI)在增長,而同時其生產基礎卻在萎縮(表2)。這意味着,HDI也能起到誤導的作用。

作為資源稀缺信號的市場價格

你也許會反對說,對GDP或HDI的密切關注並不會阻止人們關注物價。你甚至可以爭辯說,如果自然資源的確變得更加稀缺,那麼它們的價格就會上漲,這樣就會顯示,並非一切情況正常。但如果物價能夠揭示稀缺程度,那麼市場一定是運轉正常的(第四章)。對於很多自然資源來說,市場非但不是在正常運轉,它們甚至根本就不存在(在前面,我們將其稱為「缺失的市場」)。在某些情況下,它們不存在的原因

是，相關的經濟上的相互作用在很遙遠的地點發生，這使得談判的成本過高（例如，高地上的森林砍伐給下游農業和漁業活動帶來的影響）；在其他情況下，它們並不存在的原因是，經濟上的相互影響發生的時間間隔過長（例如，碳氧化物的排放給遙遠未來的氣候帶來的影響，在那個世界裏，期貨市場並不存在，因為我們的後代不會到今世來跟我們進行談判）。另外，在某些情況下（大氣、含水土層、公共海域），資源的流動性使得市場無法存在──它們屬於開放獲得的資源（第二章）；在其他情況下，不明確的和未受保護的產權使得市場無法形成（紅樹林和珊瑚礁），或者即使它們能夠形成也會非正常地運行（那些因森林砍伐而流離失所的人們並未獲得補償）。前面，我們將未達成協議而進行的人類活動所帶來的副作用，稱為「外部性」。我們和自然進行的交易充滿了外部性。這些例子表明，涉及環境的外部性絕大多數都是負的，這說明，利用自然資源的私人成本是低於其社會成本的。定價過低的環境遭到了過度開發。在這種情形下，這個經濟體可以在很長的一段時間裏享受實際GDP的增長和HDI的提高，即使在同時其生產基礎卻是在萎縮的。由於是否要對自然資源的社會稀缺價格進行評估仍然充滿爭議，經濟會計師們忽視贊成評估的提議，各個政府也在對自然資源的利用是否要課稅的問題上顧慮重重。

環境：是奢侈品還是必需品？

　　將環境作為一種奢侈商品的行為並不罕見，就像一家著名報紙上所表達的那個想法一樣：「經濟增長對環境有好處，因為各個國家都需要將貧困甩在身後，才能夠去關注環境。」但是在德絲塔的世界中，環境卻是生產所必需的要素。當濕地、內陸的和海岸的漁場、林地、森林、水塘與牧場被破壞掉時(由於農業的侵蝕、氮肥的過量、城區的擴展、大壩的修建、政府非法佔地，或任何其他原因)，農村的那些貧民遭受的損失最為慘重。他們常常並沒有藉以謀生的其他資源可以選擇。相比之下，那些富裕的生態觀光者或初級產品進口者，卻還有別的選擇，通常是別的地方──這說明他們有選擇的餘地。生態系統的退化就像道路、建築物和機器設備的貶值一樣，但還有兩個很大的區別：(i)它常常是不可逆的(或者至少，這個系統要經過很長一段時間才能恢復)，以及(ii) 生態系統可能會在沒有太多預先警示的情況下，突然崩潰。想像一下，如果一個城市通向外部世界的基礎設施在毫無徵兆的情況下突然垮掉，那麼這個城市中的居民們將會變成甚麼樣子。消失的水潭、狀況日益惡化的牧場、貧瘠的坡地、被廢棄的紅樹林，正出現在德絲塔世界的那些鄉村貧民中間，由此而來的崩潰只是一個有限區域內的實例。我們在第二章中所做的分析現在正好用來解釋，為甚麼一次突然的生態崩潰(例如近

年來在非洲之角和蘇丹的達爾富爾地區）能誘發迅速的社會經濟衰退。

可持續發展：理論和證據

　　如果相對於其人口而言，一個社會的生產基礎並未萎縮，那麼經濟發展就是可持續的。但如何才能判斷經濟發展是否可持續呢？我們已經注意到，無論是GDP還是HDI都沒法告訴我們。那麼，哪個指數能完成這個任務呢？一個社會的生產基礎就是它的制度和資本資產。既然我們有興趣對一個經濟體的生產基礎在一段時期內的變化進行評估，那麼我們就需要了解，如何去將其資本存量和制度上發生的變化綜合起來。讓我們先把制度放在一邊，來重點看看資本資產。

　　僅憑直覺，很明顯我們不能僅僅只給資本資產列出一個賬目（越來越多的機器設備、越來越多的道路公里數、越來越少的林地覆蓋平方公里數，等等）。如果資產的減值無法得到其他資產的補償，那麼一個經濟體的生產基礎將會下降。相反，如果資產的減值（不僅）得到其他資產的積累補償，那麼經濟體的生產基礎將得到擴展。一種資產對某些其他資產的減值的補償能力，取決於技術知識（例如，雙層玻璃窗可以對中央供暖系統起到一定程度的替代作用，但只是一定程度）和該經濟體當時正好擁有的資產存量（例如，樹木對土壤侵蝕起到的保護作用要取決於當時存在的草本植

被）。然而，很明顯，各種資本資產互相補償的能力是有區別的。我們願意將這些能力作為價值歸於這些資產上。我們需要對這些能力進行估計。在這裏，一種資產的社會生產力是我們的興趣所在。說到一種資產的社會生產力，我們指的是：在其他條件相等的情況下，能夠被經濟體獲得的該種資產增加一單位，人們所享受到的社會福祉的淨增加。換言之，一種資產的社會生產力就是一額外單位的該資產為社會提供的服務流量的資本化價值。一種資產的價值不過是它的數量和它的社會生產力的乘積。

由於我們正在試圖從操作上去了解可持續發展的概念，我們必須不僅把目前在世的人們的福祉加入到「社會福祉」這個術語中，而且還要把出現在未來的人們的福祉也加入其中。這些屬於倫理方面的理論，超越了純粹以人類為中心的自然觀，因為它們堅持認為，自然的某些方面具有內在的價值。我所針對的社會福祉的概念，將其內在價值也加入在了其淨值內（如果需要的話）。然而，一條倫理理論自身並不足以決定資產資本的社會生產力，因為這條理論並不會作用於任何事物。我們同樣需要對事態進行描述。在一個經濟體中加入一單位的資本資產，就會給這個經濟體帶來擾動。為了評估這一額外單位對社會福祉的貢獻，我們需要對增加前和增加後的事態進行描述。簡言之，要對資本資產的社會生產力進行量度，同時需要評估和描述。

現在假設一下，你採納了某個關於社會福祉的概念(通過增加所有人的福祉)，並在頭腦中擁有了一幅未來的經濟景象(一切照舊)。原則上，你現在就已經可以對每一種資本資產的社會生產力進行評估了。你可以在其他條件相同的前提下(這是這一實踐的描述部分)，通過評估每一額外單位的資本資產對社會福祉所做出的貢獻(這是這一實踐的評估部分)，來達到這一目的。經濟學家們將各資本資產的社會生產力稱為它們的影子價格，以此來和市場上觀察到的它們的價格進行區分。雖然影子價格通常和商品有關，而非僅僅與資本資產有關，我們這裏還是以資本資產為重點。

影子價格反映了資本資產的社會性稀缺。在我們所知的這個世界上，對影子價格進行評估，困難重重。有些為我們所持有的倫理價值多半是無法進行量度的——如果它們遇到我們所持有的其他價值的話。這並不意味着，倫理價值不能給影子價格強加範圍——它們是可以的。因此，如果我們希望避免就可持續發展問題做出那些沉重但一錢不值的聲明的話，那麼有關影子價格的討論就將舉足輕重。當前用來對生態系統服務的影子價格進行評估的大多數方法，都是很粗略的，然而運用這些方法，總比根本不去對它們進行評估強了很多。

一個經濟體的資本資產存量的價值若以其影子價格來衡量，這個價值就稱為它的總括財富。「總括」

這個詞旨在提醒我們：不僅自然資本被包括在資產的清單中，而且在評估這些資產的時候，外部性也被考慮進去。總括財富是各個資本資產的價值總和。這是用國際貨幣（當然也可以是別的）來表達出的一個數字。

我們可以做出以下的總結：一個經濟體的總括財富和制度，共同構成了它的生產基礎。如果現在我們想去確定一國的經濟發展在某一段時間內是否是可持續的，那麼我們就必須要對它的總括財富和制度在這一時間段內所發生的變化——當然，這是相對於其人口而言的——進行評估。在第一章中我們注意到，知識和制度隨着時間而發生的變化會在全要素生產率中體現出來。因此，我們將對相對於人口而言的一國經濟的生產基礎在任何一段時間內所發生的變化進行評估的過程，分解成五個階段。

第一，對製造資本、人力資本、自然資本在數量和構成上發生的變化值——我們稱之為總括投資——進行評估。（如果總括投資被發現是正的，那麼我們可以下結論說，製造資本、人力資本、自然資本的總和在這一段時間有所增長。）第二，對全要素生產率的變化進行評估。第三，將這兩個數值變換形式，使其能夠讓我們計算出這兩種變化對生產基礎的影響。第四，將這兩個估值結果整合成一個數值，使其能夠用來反映該經濟體的生產基礎所發生的變化。第五，對

人口的變化做出校正，得出一個相對於人口而言的該經濟的生產基礎所發生的變化。

我在這五個步驟上花費了如此多的筆墨，這是因為它們可以在對過去的研究中派上用場。但是，當然，用這五個步驟來對未來進行預測，同樣是有效的。上面概述的這一過程，對於任何想了解我們所追求的經濟路徑是否會通向可持續發展的人來說，都是至關重要的。

近幾十年的經濟發展是可持續性的嗎？

近來，世界銀行的經濟學家們對不同國家近幾十年內的總括投資做出了評估。他們用人力資本的淨投資加上已有的國家範圍內對製造資本的投資估值，再扣除自然資本投資的減縮量，完成了這個任務（這是上面的第一步）。這些經濟學家們用官方的國民淨儲蓄的評估值作為製造資本淨投資的替代物。而對於人力資本的淨投資，他們則用教育支出作為替代物。為了對自然資本上投資的縮減進行量化，他們考慮了商業林區、石油、礦藏，以及以二氧化碳含量為依據的空氣質量的存量的淨變化量。石油和礦藏的估值，是用其市場價值扣除開採費用後計算出來的。全球碳氧化物向大氣排放的影子價格，就等同於由其所導致的氣候變化所帶來的損失。這一損失被定為每噸20美元——這極有可能是一項嚴重的低估。對於森林的估值，是

用其市場價值扣除採伐成本後計算出來的。森林對生態系統的運轉所做出的貢獻則被忽略了。

世界銀行所列出的自然資源清單並不完整。它並沒有把水資源、漁場、空氣和水的污染物、土壤以及生態系統包括進去。世界銀行關於人力資本的概念並不完備，因為健康並未被計算進去。並且世界銀行對影子價格的估計極為粗略。然而事情總有開始，世界銀行的開頭，是一項極其複雜紛亂的任務的第一步。我在這裏想做的是，對一群生態學家和經濟學家最近發表的一組數據進行研究——他們將世界銀行做出的關於總括投資的估值進行了校正，並接下來對貝基和德絲塔世界中一些主要國家和地區在近幾十年內的經濟發展是否是可持續的做出了確認。表2是這一組數據的精煉版本。雖然這是可持續發展研究的一個很粗略的開始，但它畢竟是一個開端。

被研究的區域是非洲撒哈拉沙漠以南的國家、孟加拉國、印度、尼泊爾和巴基斯坦(都是貧窮國家)，中國(中等收入國家)，以及英國和美國(都是富裕國家)。研究的時間段是1970–2000年間。表2的第一列中包含了世界銀行做出的總括投資的平均估值所佔GDP的比重，以百分比表示(第一步)。第二列給出了年均人口增長率。第三列給出了全要素生產率的年均增長率的估值，我們這裏將用一個關於知識和制度的綜合指數的年均變化率來解釋(這是第二步)。我用前三列

的數字來得出人均生產基礎的年變化率(這將第三步到第五步結合起來)。它們由第四列給出。

表2　國家的發展

| 國家/地區 | I/Y*（百分比） | 1970-2000年間的年增長率(%) | | | | ΔHDI++ |
		人口	TFP+	生產基礎（人均）	GDP（人均）	
非洲撒哈拉沙漠以南地區	−2.1	2.7	0.1	−2.9	−0.1	+
孟加拉國	7.1	2.2	0.7	0.1	1.9	+
印度	9.5	2.0	0.6	0.4	3.0	+
尼泊爾	13.3	2.2	0.5	0.6	1.9	+
巴基斯坦	8.8	2.7	0.4	-0.7	2.2	+
中國	22.7	1.4	3.6	7.8	7.8	+
英國	7.4	0.2	0.7	2.4	2.2	+
美國	8.9	1.1	0.2	1.0	1.1	+

* 總括投資所佔GDP比重（1970-2000年間的平均值）
+ 全要素生產率
++1970-2000 年間的人類發展指數的變化節選自阿羅、達斯古普塔(P. Dasgupta)、古爾德(L. Goulder)、德利、埃爾利希(P.R. Ehrlich)、希爾(G.M. Heal)、萊溫(S. Levin)、馬勒(K.-G. Maler)、施耐德(S. Schneider)、斯塔萊特(D.A. Starrett)、沃克(B. Walker)，《我們是否消費過多？》，《經濟展望雜誌》，2004年第18卷第3期，147-172頁。

　　在為這些發現做出總結之前，來感受一下表格中的這些數字能告訴我們甚麼，將是非常有意義的。來考慮一下巴基斯坦。在1970—2000 年之間，總括投資所佔GDP比重是每年8.8%。全要素生產率以每年0.4%的速率增長。由於這兩個數目都是正的，我們可以得

出結論，巴基斯坦2000年的生產基礎要比1970年的有所增長。但再來看一看巴基斯坦的人口，它在以每年2.7%的速率增長。第四列表明，結果巴基斯坦的人均生產基礎在以每年0.7%的速率下降，這說明2000年的生產基礎只有1970年的80%的水平。

相比之下，來考慮一下美國。總括投資所佔GDP比重是每年8.9%，僅比巴基斯坦的這一數字略高。全要素生產率的增長率（年均0.2%）甚至低於巴基斯坦。但人口卻只是在以1.1%的年增長率增長，這意味着美國的人均生產基礎在以1%的年均增長率增長。在1970–2000年之間，美國的經濟發展是可持續的，而巴基斯坦的經濟發展則是不可持續的。

有趣的是，如果你用人均GDP來衡量它們的經濟表現，你將會得到一幅完全不同的畫面。表2的第五列表明，巴基斯坦在以相當高的年增長率（2.2%）增長，而美國卻只是在以1.1%的年增長率增長。如果你現在看一看第六列就會發現，聯合國給出的巴基斯坦的人類發展指數（HDI）在這一時期得到了提高。HDI的變動絲毫沒有告訴我們與可持續發展有關的事情。

然而，表2中的令人震驚的消息則在於，在1970–2000年之間，我們這張清單上所有的貧窮國家，其經濟發展要麼是不可持續的，要麼是勉強可持續的。誠然，非洲撒哈拉沙漠以南地區的情況並不令人吃驚。它的總括投資是負數，這說明這一地區在製造資

本、人力資本和自然資本上的投資的縮減量佔GDP的 2.1%。人口的年增長率是2.7%，而全要素生產率基本沒有甚麼增長（年增長率0.1%）。即使不做任何計算，我們也應當會覺察到，非洲撒哈拉沙漠以南地區的人均生產基礎水平在下降。表格證實了它確實如此，下降的年速率是2.9%。如果你現在看看第五列的數字，你將會發現，非洲撒哈拉沙漠以南地區的人均GDP保持得相當穩定。但該地區的HDI卻顯示出提高的跡象。這又一次確認了，對HDI變動的研究並不會使我們能夠對可持續發展做出任何評論。

　　巴基斯坦是印度次大陸地區經濟表現最差的國家，但如果對這一地區的其餘國家加以評價的話，它們也不過是勉強達到了可持續發展的標準。每個國家（孟加拉國、印度、尼泊爾）的總括投資與全要素生產率的增加都是正數。這兩者合在一起，意味着每個國家的生產基礎都有所擴張。但人口增長是如此之快，以至於人均生產基礎的年增長率分別只有0.1%、0.4%和0.6%。即使是這些數字，也極有可能是被高估的結果。世界銀行的經濟學家們在對總括投資進行評估時所使用的列表各項中，並沒有包含土壤侵蝕和城區污染，而這兩者都被專家們認為是印度次大陸的問題。而且，前面曾經提到，人們要求降低風險的渴望意味着，自然資本降級帶來的負面風險——比起與它相應的、能夠比預期往更好的方向發展的概率——理應被

給予一個較高的權重。因此，如果我們考慮到風險厭惡，則對總括投資的估值又將降低。人們免不了會懷疑，在1970–2000年之間，印度次大陸地區的經濟發展並不是可持續的。然而在這裏，你並不是從GDP或是HDI的數字中了解到這一情況的。在這一地區的每個國家中，前者有所增長，而後者有所提高。

中國的總括投資佔到了GDP的22.7%，這在表2的樣本國家中是一個非常高的數字。全要素生產率的年增長率高達3.6%。人口的增長率相對較低，為每年1.4%。我們並不應該對中國的生產基礎有所擴張——以7.8%的年增長率——感到驚奇。人均GDP同樣以7.8%的年增長率在增長，HDI也得到了提高。在中國，人均GDP、HDI和人均生產基礎，是在齊頭並進地增長着。

這裏並沒有對英國和美國做過多的評論。這兩個國家都是富裕而成熟的經濟體。1970–2000年之間，雖然總括投資並不高，但人口增長也很慢。全要素生產率的增長率也不高。雖然這些數字意味着在這兩個國家的人均生產基礎均有所擴張，但我們還是應該謹慎一些，因為前面曾經提過，世界銀行對碳氧化物排放的損害做出了過低的評估。這兩個國家的人均GDP都有所增加，HDI也在提高。

我們剛剛研究的這些數字都是比較粗略和直白的，但是它們卻展示了，自然資本的計算方式是如何

對我們對於經濟發展過程的觀念產生重要作用的。在表2中，我有意地對自然資本的減值做出了保守的假設。例如，將排放在大氣中的每噸碳氧化物折合成20美元，這一價格幾乎肯定低於它的社會成本(或負的影子價格)。如果我們將這個影子價格以另一並非不合理的價格(每噸75美元)來代替，那麼表2中的所有貧窮國家在1970–2000年間的人均生產基礎，都會呈現出下降趨勢。我們從中得到的信息是發人深省的：如果從人均生產基礎來判斷，那麼在過去的30年中，非洲撒哈拉沙漠以南地區(目前有7.5億人口)是變得更加貧窮了，而印度次大陸地區(目前有14億多人口)的經濟發展要用「不可持續」或「勉強可持續」來形容。以下的這一推斷是錯誤的：貧窮國家的人們應該靠減少消費的方式來更多地投資於其生產基礎。在這本書中，我們曾不止一次地提到，在德絲塔的世界中對商品和服務的生產和分配是非常低效的。將消費和對生產基礎的投資看作一筆數目固定的資產中此消彼長的兩部分，這是錯誤的。更優越的制度將會使得德絲塔世界的人們消費更多，投資更多(當然指的是總括投資)。

第八章
社會福祉和民主政府

在20世紀70年代，經濟學家鮑爾（Peter Bauer）經常寫道：如果當今貧窮國家的政府在它們應該做的事情上——通過外交保護公民不遭受外來威脅，嚴格執行法治，提供公共基礎設施（耐久的道路、港口、可信賴的行政管理、可以得到的飲用水和電力）——曾經勵精圖治，並且使得市場能夠不受阻礙地運行的話，那麼它們將不會剩下甚麼時間和精力來對貿易進行干涉，對偏愛的產業給予補貼，以行政價格從農民手裏奪得農業產品，建立起那些最終變成累贅的公共產業，從而把經濟弄得一塌糊塗。鮑爾的觀點在發展經濟學家當中，可以說是只此一家。雖然他給政府職責列出的清單不盡完備，但他引起人們對這些情況的注意，使得其他的經濟發展專家了解到，經濟學在治理方面有很多話要說。

社會錯過機會的途徑很多，但是能使自己繁榮富強的途徑卻只有幾條而已。在這本專論中，我們先是對環境背景進行了確認——在此環境背景下，在某些行為上達成一致的人們能夠彼此信任對方會恪守信

用。接下來，我們又研究了兩種微觀制度——家庭和企業——以及兩種具有很大覆蓋面的制度，也就是社區和市場(在這兩種制度下，家庭和企業能夠彼此間互相作用)。現在，我們已經快要對制度和公共政策間的相互作用有了感性認識，而這種相互作用能夠使人們興旺發達。在這一章中，我們將會對一種制度的合理動機和延伸範圍做出研究；這一制度的理想形式能夠對其他制度進行補充，又凌駕於其他制度之上，使得它們能夠正常運轉。這一制度就是政府。

自由和民主

政府是國家公民的代理機構。它應該對他們負責。(在現代民主制中，「公僕」這個詞被用在一國中最有強權的人們身上。)時至今日，我們認為這些約束是不言自明的，但並非所有人都是這樣認為的。1949年在劍橋大學所做的(阿爾弗雷德·馬歇爾)講座中，社會學家T.H.馬歇爾(T.H. Marshall)通過發生在歐洲的以下三次社會革命將現代公民身份的概念做了概括：發生在18世紀的公民自由革命，發生在19世紀的政治自由革命，以及發生在20世紀的社會經濟自由革命。馬歇爾具有歷史意義的講述可能暗示着，「自由」是貝基世界特有的追求，但這將是一個錯誤。我並不掌握任何證據能夠說明，德絲塔世界中的人們不願意去選擇他們自己的政治領袖，或當他們聚在一起討論一

般的人生問題和具體的公共服務質量時，希望被權力機構呼來喝去。誠然，知識份子們會問，那些貧窮國家對於政治和公民自由，是否能夠承受得起（按照一般說法，民主這個術語經常被拿來同時涵蓋此二者）。但這個問題和民主阻礙經濟增長的可能性有關（更糟糕的是，它將會對不可持續的經濟發展起到鼓勵作用），可以預期，那些貧窮國家的公民們將會對此表示關注，並且他們有理由這樣做。

政治學家李普塞特（Seymour Martin Lipset）觀察到，經濟增長將會促進民主實踐，他本人也因此而聞名。與此相反的觀點——民主將會促進物質繁榮——也為許多社會思想家所推崇。因此，民主不僅僅被看作是一種結果，有些人同時將其看作是經濟發展的一條途徑。考慮到德絲塔世界中的那些統治者對於獨裁主義行為的偏好，他們的想法一定與上述觀點不同。在國家貧窮的時候，民主和經濟增長之間涉及權衡取捨，這已經是今天最貧窮國家當權者們堅定的信條。

專制主義在表面上看來是很有吸引力的，因為它可以提供強硬治理。一個政府應該強硬，這毋庸置疑；而難以回答的問題則是，政府應當在甚麼方面強硬。法治就是首選。除了其他作用之外，法治使得公民們能夠去追求他們的目標和事業。但令人失望的是，在德絲塔的世界中，專制政權習以為常地侵犯這一最為基本的國家義務：尊重法治。我們在前面曾經

提到，將社區凝聚起來的社會行為規範可能崩潰——如果政府一心想要將其摧毀的話。統治者們很早就知道，恐怖主義是他們消除社區內部的合作關係，以此來對威脅統治的行為進行防範的一條途徑。在很多場合下，德絲塔世界中的獨裁政權是通過向公民灌輸畏懼思想來維持着它們的權力的。在較為溫和的政治氣候下，公共官員之間的任人唯親和政府的監守自盜，使得公民們貧困不堪，而那些當權者卻享盡榮華富貴。

但專制主義是以各種方式和規模出現的。在當代世界中，有些專制政權實行了法治，並且使得公民們實現了物質繁榮（新加坡就是一個例子）。它們在公共管理中建立了制衡制度，並對政策上的錯誤進行修正，這些做法已經為人們所熟知。但它們不過是特例而已。而特例的問題是，它們無法給其他政府帶來任何指導作用。畢竟，公民們不可能希望專制政權產生，他們也同樣不可能很順利地將一個專制政權拉下馬，即使該政權已經被證明是不合理的或是掠奪性的。另一方面，民主同樣也不能保證經濟發展。民主所能做到的，就是給公民們提供一個在他們自己之間彼此協調的機會，例如，通過公眾參與（第二至第三章），由此來使國家政權執行法治並提供那些其他必不可少的公共服務，這些服務能夠讓人們了解其人生的重要意義。但政治的多元化可以與公民的無責任心共

存，甚至達到了沒有人有動力為喚醒公民的責任心做些甚麼的程度。在第二章中曾經提到過均衡，民主與一種混亂不堪的社會秩序相結合，可以達到一種均衡狀態；民主與一種能夠使得公民們舉止得體的社會秩序相結合，同樣可以達到一種均衡狀態。在當代社會中，我們就上述兩種情況都能找到近似的例子。

對過去40年的數據進行的統計學分析表明：在貧窮國家中，那些其公民享有更多民主的國家，一般有更高的經濟增長。相關性不等於因果關係，但這些發現暗示着，民主對於貧窮國家來說可能並不是奢侈品。這樣的實證研究很少，因此我們無從了解這一發現從實證意義上來說是否站得住腳。更加重要的是，沒有人曾經調查研究過，在民主和人均生產基礎的增長之間，是否存在正相關的關係；這意味着，就目前情況而言，我們並不了解在當代社會中，民主和可持續發展之間的聯繫。民主這個詞同時意味着很多東西——定期且公平的選舉制度、政府的透明度、政治的多元化、出版自由、結社自由、抱怨自然環境退化的自由，等等。從實證的角度來說，我們對有助於帶來可持續發展的那些方面，仍然了解太少。以這種情況看，在眼下，發展民主並不能以民主能夠促進可持續發展為基礎。我們應當出於以下兩個原因而偏好民主：(i)它本質上是一個好東西；(ii)它並沒有被認為是阻礙了經濟發展，而且甚至很有可能帶來經濟發展。

福祉：個人的和社會的

　　甚麼樣的社會制度，以及甚麼類型的公共政策，最有可能使得人們獲得繁榮呢？這個問題的核心是一個人的福祉。提到它，一般來說我們指的是一個人能夠實現獨立、選擇和自主的程度。社會制度在實現福祉方面的核心地位是足夠明晰的：社會生活是個人的社會統一感的表達，而商品和不存在強迫則是人們借以追求自己特有的利益概念的途徑。T.H. 馬歇爾對於自由的三層次分類可以被認為是在表達：公民自由權的享有、參與政治的能力，以及獲得商品(食物、衣物、住房、健康保障、教育——更概括地說就是財富)的權利，是人們獲得繁榮的必要條件。

成份和決定因素

　　馬歇爾的這一分類可以被分解為更小的部分。各種各樣的公民自由權、各方面的健康等等，構成了福祉的成份。由於福祉本身是一個綜合體，因此對一個人的福祉進行衡量，就要涉及加總，這意味着要在這些成份中進行取捨。

　　我們已經知道，還有另外一種考慮人類福祉的方法。這種方法涉及對福祉的決定因素的評估，這裏的決定因素指的是生產福祉的商品投入。這些決定因素不僅僅包括那些諸如食物和住房之類的必需品，還包括了獲得知識和信息的權利。人們可能會將這些成份

和決定因素分別看作「結果」和「手段」。將福祉的決定因素綜合為一個數字，在實際的應用中被證明是非常有用的。在前一章中我曾提出，一個人的總括財富可以被用作其福祉的綜合指數。

顯示偏好和陳述偏好

人們如何來評估一個人的福祉呢？從人們做出的決策中，可以推斷出很多方面。如果發現有人購買並閱讀了出奇多的書籍，那麼由此判定他的福祉尤其取決於他是否有書可讀，很可能就是合理的。這種評估方法被稱為顯示偏好法。其根本的邏輯在於，在其他條件相同的情況下，無論是在市場上還是在社區中，一個人會通過他所做出的選擇來顯示他的願望和要求。然而，福祉的有些方面只能通過請求人們將其陳述出來，才能得到確認。它們包括以下情形：福祉的決定因素是那些人們無法顯示其偏好和興趣的商品和服務——因為他們沒有機會去這樣做。公共品和生態服務就是這樣的例子。需要花上一番心思去設計問卷，以將人們不如實做出回答的風險最小化。在近幾年中，經濟學家們設計出了很巧妙的方法，來保證人們不會對這些商品的偏好加以誇張，尤其是在他們不用為其付錢的情形下。

公益品

　　我們可以非常客觀地對福祉的很多方面進行衡量。人們對醫藥、營養和教育的需求，被專家們作為日常工作而進行評估。我們也許會對這些專家是否知道他們在說些甚麼表示懷疑，但在心底裏我們卻知道，他們對於我們的某些特定方面，比我們自己還要更加了解。經濟學家馬斯格雷夫(Richard Musgrave)在很多年前提出，僅僅從顯示偏好中推斷福祉水平是錯誤的，因為還存在着他稱之為公益品的東西。公益品會對人類的利益起到保護和促進的作用——它們並不僅僅滿足我們的偏好。因此，公益品要比從人們做出的選擇中所顯示出來的價值更高。例如，哲學家們曾主張過，我們並不應該僅僅從公民們所顯示出來的、對民主的渴求程度，來試圖證明民主的合理性。民主就是一種公益品。相關地，人權包含了一系列的公益品，其中「基本」權利是一種極端形式，因為它們是不可交易的。權利當然並不會和偏好背道而馳；它們只是通過反對其他(不那麼緊急或關鍵的)偏好和利益的聲明，來對某些偏好(例如，對不被強迫的偏好)起到鞏固作用。

　　同樣地，不可能總是從陳述偏好中發現商品的益處。這個問題部分在於人們在被提問時不願意說出實話的可能性，但部分在於別的原因。例如，這樣的主張將會很奇怪：幾乎沒有必要在德絲塔世界中婦女生

育健康的項目上投資，因為那裏的貧困婦女們已經接受了她們的命運，似乎並不堅持要從這樣的項目中受益；或者，那裏的政府也不應該對基礎教育進行投資，因為那裏的父母們對教育並不關心，孩子們因為不了解教育，同樣對其並不關心。我從來沒有聽到有人提出這樣的觀點。

就是說，當我們將「益處」歸於商品的時候，保持謹慎是有益無害的。強行從商品中找出益處的衝動，將是父權主義甚至專制主義的象徵。「虛假意識」的概念曾經被德絲塔世界中那些世俗的和宗教的專制者用來證明其行為是正確的(「我的人民並不知道他們的真正利益何在」，或是「我的追隨者們要依靠我來給他們解釋《聖經》」)。相比之下，權利在貝基的世界中產生了擴散，以至於權利這個概念本身在目前都被敗壞了。堅持只要不被訴訟就絕不能被監禁的權利是一回事，而聲稱每周工作35小時是一種人權則完全是另一回事。後者是在一些煽動下，在談判桌上贏得的一紙協議；但毫無條件地用「權利」來表示這種協議的結果，卻是對這個術語的一種誤用。

人的總和和政策評估

社會福祉是個人福祉的總和。經濟學家們提到個人福祉的總和時，通常是通過將個人福祉進行加總得到的。在上一章中，我通過將社會福祉看作目前一代

人和所有後代的福祉總和，採納了這一觀點，儘管並沒有甚麼概念性的東西要依賴這一加總。這裏我們注意到，總括財富隨着時間的變動，可以用來對隨時間而變化的跨世代福祉(以福祉的商品決定因素表示)的變化量進行衡量。這些決定因素是以其影子價格來進行估值的。可以證明，為了對政策(例如，一項新的公共投資或税收結構的一次變化)進行評價，政府應當對該項政策引起的一籃子商品和服務的變動，以其影子價格來進行估值。這樣的一種評估性的實踐，被稱為社會成本收益分析。這種想法是要以影子價格去對這一政策的(社會)盈利能力進行評估，並在當(且僅當)其淨社會收益是正值的情況下，推薦這種政策。這樣一來，影子價格就同時在對可持續發展(第七章)及政策的評估中發揮了作用。這是經濟學家們有幸能夠不時揭示的美妙事實之一。

政府的功能

在當今的每一個經濟體中，政府都是一位主要的「演員」。它的支出所佔GDP的比例，在德絲塔的世界中是18%，而在貝基的世界中則是28%。(在歐盟，相應的比例則是37%。)這些數字包含了公共生產(道路、郵政服務、國防、法制系統，等等)，轉移支付(社會保障、失業救濟，等等)，以及清償政府債務。這筆開銷的絕大部分資金是由税收來籌措的。

政府的一項重要任務，就是要去修正市場失靈。穩定宏觀經濟(第四章)，正是這個任務的一個部分。但是，社區也有可能失靈。市場和社區都會受到無力提供足夠水平的公共品的困擾；法治作為社會規範的約束的對立面，就是一個很突出的例子。類似地，無論是市場還是社區，都沒法對生產劣等公共品進行限制並達到讓社會滿意的程度。這兩種制度中都暗含有外部性，無論這種外部性是有益的還是有害的。(理想的)國家政權在這種制度失靈中的作用一目了然的。

家族也有可能失靈。儘管政府進入家族領域可能顯得有些唐突，但在貝基的世界中，政府常常會這樣做。這樣做是有充份理由的。在德絲塔的世界中，運轉不良的家庭會受到社區的規勸。但是在貝基的世界，家庭周圍通常沒有社區，因此就不再有這一選擇。這就是為甚麼在貝基的世界中，政府的社會工作者和顧問會代表兒童，來干涉那些有虐待傾向的成年人，並對有破壞性的兒童提供幫助，改善他們的行為。

市場和社區在公益品的提供方面，都是不夠充份的。有些公益品是私人品(個人健康)，有些則是公共品(關於潛在的流行病的信息)，而其餘的位於兩者之間——它們涉及外部性(關於吸煙危害的信息)。當交易涉及公益品時，社區和市場在理想的狀態下應該能夠得到政府措施的補助。政府可以通過對家庭和企業

課稅，並採用直接生產公益品或對其私有領域的生產進行補貼的方式提供公益品，從而達到這一目的。

公平和效率的權衡取捨

　　市場和社區中所實現的對商品和服務的分配，是由家庭從過去繼承下來的資產所決定的。一種對市場常見的抱怨便是，它們容許了財富分配的極度不均。在貝基的世界中，這一抱怨變得越來越尖銳，因為貧富之間的差距在近幾十年內擴大了很多。例如在美國，1978年時，最富有的10%的家庭享受了32%的GDP，而在1998年，相應的數字已經上升到了41%。在貝基的世界中另一種抱怨則是，在就業市場上，與男人相比，婦女處於不利地位。在前面我們提到過，社區也可能對那些未曾繼承太多資源的不幸者們十分無情，對於婦女也是如此。這些社區的訪客們也許注意不到這些不平等現象，但這是因為在德絲塔世界中的鄉村地區，所有的人都十分貧窮。財富的差異反映在他們進餐的頻率和飯菜的質量、他們所擁有的衣物數量、他們的臥具和廚具質量，以及他們房屋的耐用性(它們是用泥或是用磚造的)方面。而婦女常常是小心翼翼地躲在人們的視線之外。這些不平等中並沒有一個像貝基世界中的那樣明顯，但當家庭極端貧困的時候，很小的差異都關係到生死存亡的問題。因此，在對社區津津樂道的同時對市場大肆抱怨，是一種很

輕率的行為。

因此，對商品和服務的分配，也就成了一個受到政府關注的問題。但是，如果我們回過來看T.H. 馬歇爾對福祉所做出的三層次分類，就會發現一個有趣的事實：現在的人們認為所有人對公民和政治自由都有平等權利是天經地義的，但千萬不要在（總括）財富的分配問題上做出相同的論斷。為甚麼？有可能是因為，一般來說，對他人的公民自由和政治自由的尊重，並不會讓人付出任何直接成本，而對財富的再分配，卻會讓那些人付出放棄部分財富的代價。法律理論專家弗里德（Charles Fried）曾經提出，公民權利的一些方面——諸如不受被禁止方式侵擾的權利——並沒有自然的限制。（「如果我不受打擾，那麼我所獲得的商品從其性質上將不會是稀缺的或受限的。不會相互傷害、不會相互欺騙、不會相互不管不顧的人，怎麼可能越來越少直至消失呢？」）兌現公民權利是有可能性的，而兌現健康保障的權利，可能性就沒那麼大了：這個經濟體也許根本就沒有足夠的資源。關鍵的一點在於，與財富不同，民主不需要被創造，它只需要被保護。經濟學家詹姆斯・莫里斯（James Mirrlees）第一個令人信服地證明了，為甚麼在商討財富分配的過程中，我們不得不去關注個人才能的差異，關心激勵以及隨之而來的義務（兌現協議、不採用機會主義行為，等等），考慮別人的需求，並且考慮獎懲的事項。

一個政府如果過分熱衷於通過稅收和補貼的手段來使財富達到平均，就有可能會把家庭生產財富的激勵降低到這樣一個程度——所有人的利益都會被損害。這就是經典的公平和效率的權衡取捨。

市場和社區之間的調解

所有的社會都要依賴市場和社區的組合。當人們尋找到方法，能夠克服在實現合作帶來的收益的過程中所遇到的困難，這一組合就將隨着事態的變化而發生變動。社區有助於市場的正常運轉，這已經是老生常談了。沒有一份法律合同是天衣無縫的。無論被請來起草這些合同的律師是多麼老謀深算，也會有未盡的事項或條款。一個運轉良好的社會，一定已經就甚麼是對彼此行為的合理期望達成了默契的理解。社區可以對合理期望的創造和維持，起到重要的作用。合理期望使制度得以形成——在這種制度下，各個家庭能夠對事項進行商討，並就市場產品和公共服務的質量交換信息。社區也是一個進行政治辯論的場所。它們可以對市場和政府起到懲戒作用。

但它們同樣可能對市場的興起起到抑制的作用。當社區內的聯繫過於密集和強烈，退出社區可能就是高成本的。一個想用錢「買」出一條脫離他所在社區的長期關係的通路，並加入到其他地方市場的人，如果面臨着社區將會對他所遺留下的家人進行報復的風

險，實際並不能夠這樣做。與此相反，市場的發展也會摧毀社區，並使得特定的、易受損害的群體的境況更為糟糕。如果臨近城鎮的市場有所發展，那麼那些村莊中關係較疏遠的人們(年輕人)就很有可能會去利用這些市場，並從那些被盛行的社會規範所神化的傳統義務中脫離出來。那些與家庭聯繫更加緊密的人們將會注意到這一點，並做出判斷：遵守原先的協議帶來的收益現在下降了(第二章)。這兩種情況都會使得互惠的社會規範弱化，使得特定群體(婦女、老人、兒童)的境況更為糟糕。如果將這一點用我們在這裏使用的語言表達出來的話，那麼就是：當人們將其約定從社區中帶走，並帶到市場之上的時候，這一轉移將會引起外部性。我們不會在經濟評論中讀到太多關於這方面的內容，因為它們並不屬於我們常見的那些外部性，例如工業生產將會破壞當地環境。但它們的的確確就是外部性。政府的一個任務就是去識別這些外部性，並且緩和那些被其傷害的人群所受到的打擊。

在法治無法正常運行、官員們將公共領域作為其私人領地、市場經常缺失的國家中，社區使得人們能夠生存下去。因此目前很多學者認為它們是(非個人)市場的一個有力替代品。但是我們必須記住，社區合作的義務會阻礙市場的發展。而且，從過去繼承下來的個人義務，可能會使得公共官員們無法公正行事。

在貝基的世界中被認為是腐敗的行為，到了德絲塔的世界中可能就成了社會義務。類似地，在貝基的世界中，一個人從屬的公民協會可能是另一個人所在的特殊利益群體。這些觀點上的差異正是導致社會悲劇的文化衝突的來源之一。在德絲塔的世界中，社區之間互相爭鬥的事情並不罕見，但持械在大街上衝殺並不會帶來經濟發展。

民主投票規則

在一個秩序井然的社會中，公民教育試圖向人們灌輸一種公民感。當購物的時候，我們並不需要了解誰需要甚麼，為甚麼需要。市場有助於大規模地節省信息成本，這使得公民們在市場上從事日常交易時並不用彼此擔心（第四章）。但即使是理想市場，也只是在私人品的交易上才是有效的。公民們理應在公共領域中——這包括了外部性，以及財富分配與法治這樣的公共品和公益品的供給——彼此關注。所謂公民意識，就是要去識別並接受我們的生活在私人領域和公共領域間的區別。

在日常生活中，私人領域和公共領域間的區別，取決於政府勢力所及的範圍。某人對於一個社會——在這裏，國家僅僅維持法治，並保護公民不受外來的侵略（最小國家）——中窮人的關注，會和她在一個福利國家（目前這類國家在西歐非常盛行）中的這一關注

完全不同。原因在於，在福利國家中要面對額外的、用來為重新分配籌措資金的稅收；而在最小國家中，這種重新分配只有通過自願的轉移才能實現。她其實並不需要去擔心福利國家中的窮人們(因為執行重新分配措施是政府的一項任務)。相反，在最小國家中，她會積極地為窮人們爭取利益。既然她在兩個社會中面對的選擇有明顯不同，因此她也會做出不同的選擇。

在民主社會中，參加選舉的候選人主張的是不同的公共政策。因此，一個人在給一個候選人投票時，實際上是在為一項公共政策投票，更準確地說，是為一系列可能出現的政策投票。由於公共政策會影響到商品和服務的生產和分配(我們將其稱為結果)，因此，給一個候選人投票實際上是在為可能出現的政策投票。對於社會福祉，公民們大概會做出不同的解釋。如果確實如此，他們就將對那些候選人進行截然不同的排名，每個人投票的結果也將會不同。但即使公民的倫理價值觀幾乎一致，他們的個人偏好通常也會不同，而且極有可能的是，他們心目中對公共政策如何影響結果的看法也會不同。因此，公民們面對着將他們的看法綜合為一個整體的問題。對公共官員的選擇過程起到監督作用的投票規則，將公民的倫理偏好進行了綜合。正式地說，一套投票規則是從一系列可選項(例如，政治候選人)中，以投票者對這些可選項的排名為基礎而進行選擇的一種手段。

為甚麼投票者們應當堅持對所有的候選人進行排名

幾個世紀以來，人們設計出了很多投票規則——多數決定規則、相對多數規則、排名順序投票法、一致性規則、認可投票法、一次性選出法，等等。粗看上去，它們的優勢和缺點並不算明顯。是否存在一種理想的投票規則呢？我們一會兒就來對這個問題進行研究，但我們應該立刻注意到，很多全國性的選舉系統遠遠達不到理想的標準，因為投票者是被要求記錄下其最為偏好的那個候選人，而非對所有候選人進行排序。這些系統中所存在的問題是，它們掩蓋了投票者們是如何對非首選候選人進行排名的。如果只有兩個候選人在競爭，這一限制毫無疑問不起作用，但如果有三個或三個以上的候選人，這將會產生很大影響。為了解釋這個問題(請見表3)，請假設一下有三個候選人A、B、C，而且所有選民被分成三個組。

表3　投票規則的比較

候選人排序	選擇這種排序方法的投票人比例(%)
(A，B，C)	30
(B，A，C)	36
(C，A，B)	34
在每種投票規則下的獲勝候選人：	
1. 排序復選制：候選人B	
2. 簡單多數規則：候選人A	
3. 排名順序規則：候選人A	

第一組佔到所有選民的30%，他們每個人都將A排在B之前，將B排在C之前，我們將其寫作（A，B，C）。在佔所有選民的36%的第二組中，這一排序是（B，A，C）；對於剩下的34%，排序則是（C，A，B）。來考慮一種選舉制度，例如法國總統大選時所使用的那個。其投票規則中稱，如果沒有一位候選人能夠獲得絕對多數，那麼獲得票數最多的那兩位候選人就要在決定性競選中彼此相遇。我們將這種規則稱為排序複選制。在我們的例子中，各自擁有36%和34%首選票的B和C，將會進入一輪決定性競選，而B會因為66%的選民將其排在C之前而輕鬆勝出。

很明顯，對於這個結果，存在着一些值得懷疑的地方。候選人A獲得了壓倒性多數：64%的選民偏好A優於B，66%的選民偏好A優於C。毫無疑問，A應當獲選。這裏的根本直覺實際採取的是簡單多數規則。簡單多數規則是這樣一種規則：它要求投票者們提交對所有候選人的排名，並以這些排名為基礎，將那個在一對一比賽中擊敗每個對手的人確定為勝出者。

我剛才所使用的這種邏輯推理的問題在於，它受數字案例的控制。在候選人更多和選民排序範圍更廣的情形下，比起簡單多數原則，也許會有些另外的投票規則，能夠產生一個在直覺上更加有誘惑力的勝出者。有鑑於此，最好的辦法似乎是，按照任何投票規則理應滿足的基本倫理原則，去對可能的投票規則進

行評估。在1951年的一本專著中，阿羅為投票理論提出了這一近乎公理般的方法步驟，它直到現在仍然是人文學科和社會科學中最偉大的著作之一。在下面的內容中，我將對一系列的倫理原則加以考慮，儘管它們並不完全等同於阿羅所考慮的那些，但在這裏同樣可以達到我們的目的。

倫理上的理想投票規則的不可能性

那些倫理原則究竟是甚麼呢？第一條將是一致性原則，它主張，如果每個人都做出A優於B的判斷，那麼B就不應該當選。另一個重要的原則主張，所有的投票者都應該被認為是平等的，這可以解釋為「一人一票制」，或一致對待原則。經濟學家將其稱為匿名原則，因為它強調了，你是誰並不應該決定你在選舉中的影響力。

第三個原則被稱之為中立原則。它有兩個組成部分。第一個要求，該投票原則不應向任何候選人偏斜（連現任者也不行）。第二個則要求，根據該投票原則而在候選人A和B之間做出的選擇，不應取決於選舉人對某個第三候選人C的看法。第一部分在目前的背景下——在這裏，那些可選項都是候選人——是非常吸引人的。（在其他背景下，例如在對美國憲法進行修正時，這個條件就不成立，因為比起其他可選項來，現狀——現有的憲法——是更為有利的。）為了

理解第二部分的作用，來考慮一下排名順序規則。在這個規則之下，如果有3個參加競選的候選人，每個投票者給予其首選對象3分，次選對象2分，末選對象1分。該規則按照每人獲得的總分數來為候選人排名。很容易證明，排名順序規則滿足了一致性原則及匿名原則。然而它卻違反了中立原則。為了看看是怎麼回事，來假設一下我們剛才研究的數字案例中，有100個投票者。如果這個選舉採用排名順序規則，那麼候選人A將獲得230分（30×3+36×2+34×2），B將獲得202分（30×2+36×3+34×1），C將獲得168分（30×1+36×1+34×3）。從中可以得出結論，在排名順序規則下，候選人排名為：A優於B，而B優於C。但假設一下，那36個在前面進行（B，A，C）排名的投票者在重新考慮之後將這三個人重新排名為（B，C，A）。那麼A現在將獲得194分（30×3+36×1+34×2），B仍然會獲得202分（30×2+36×3+34×1），而C卻將得到204分（30×1+36×2+34×3）。幾位候選人的排名為：C優於B，而B優於A。但請注意到，那36個投票者僅僅在A和C的比較上改變了主意，而B仍然是其首選。儘管如此，排名順序規則還是改變了B和C的相對位置。這說明了，這個規則並不一定能夠遵守中立原則的第二部分。

相比之下，無論投票者們對那些候選人進行甚麼樣的排名，簡單多數規則都能滿足一致性原則、匿名

原則和中立原則。遺憾的是，這一規則卻與第四個原則發生了衝突：傳遞性原則。傳遞性原則要求，如果一項投票規則將候選人A排在B之前且B在C之前，那麼A理應排在C之前。為了證明簡單多數規則並不總具有傳遞性，來考慮一下我們剛才討論過的情況，也就是，30%的選民將候選人A、B、C排列為（A，B，C），36%的選民排列為（B，C，A），34%的選民排列為（C，A，B）。簡單多數規則將A排在B之前（因為64%的選舉者將A排在B之前），將B排在C之前（因為66%的選舉者將B排在C之前）。傳遞性原則意味着，該規則將會被要求把A排在C之前。但70%的選舉者卻將C排在A之前。這就說明了，簡單多數規則不得不將C排在A之前。在這裏我們就遇到了矛盾，這一可能性早在18世紀晚期就被孔多賽（Condorcet）侯爵指出。在經濟學文獻中，這個例子作為孔多賽悖論而被人們熟知。

這究竟是純粹的理論，還是在現實生活中簡單多數規則確實違背了傳遞性原則呢？政治科學家們通過研究美國國會中所達成的決策，對這個問題進行了探究。為了看看他們是如何進行調查研究的，讓我們回到前面的案例，但這裏將可選方案由候選人改為美國國會中提出的議案。例如，A是國會中提出的議案，而B和C是對該議案的修正案。假設規則並不是要求國會議員來對三個可選方案進行排序，而是要求其先對A和B進行投票，之後再對其中的勝出者和C進行投

票。在簡單多數規則下，A將會贏得第一輪投票(64%
的投票者偏好A多於B)；在第二輪投票中，C會擊敗
A(70%的投票者偏好C多於A)。最終的結果是C將會
通過。現在來假設，國會議員們被要求先對A和C進行
投票，之後再對其中的勝出者和B進行投票。在簡單
多數規則下，C將會贏得第一輪投票(70%的投票者偏
好C多於A)，但在第二輪投票中，B會擊敗C(66%的投
票者偏好B多於C)。最終結果取決於每對可選方案提
交到投票者面前的順序：議事日程的確起了作用。很
容易檢驗出，在那些投票規則滿足傳遞性原則的情況
下，議事日程並不會起作用。對美國國會的表決結果
進行研究的政治科學家們發現，有些情況下議事日程
的確會起作用。當它起作用時，就警示着投票規則違
反了傳遞性原則。

簡單多數規則和排名順序規則只不過是兩種投票
規則而已。問題在於，無論投票者對候選人碰巧進行
甚麼樣的排名，是否有某種投票規則可以被信賴能
夠滿足一致性原則、匿名原則、中立原則和傳遞性原
則。阿羅的「不可能定理」是這樣表述的：如果可選
項的數量超過兩個，那麼答案就是「不能」。該定理
主張，如果可選項的數量是三個或以上，那麼所有
的投票規則一定會至少違反四個倫理原則之一。(如
果可選項的數量為二，那麼阿羅的不可能定理並不會
生效。例如，無論投票者有甚麼樣的偏好，簡單多數

規則都將滿足所有四個倫理標準。傳遞性原則不會生效，因為該標準只在有三個或以上的可選項的情況下才會有效。）

　　這個結果既深刻，又令人失望。既然無法擺脫這個進退兩難的局面，只有捨棄掉其中的一個原則。在這四個原則中，中立原則得到了經濟學家們最為細致的研究。該原則堅持，一種投票規則應該被允許運用的唯一信息，就是每個投票者心中候選人的排名。然而，沒有人提供任何證據可以證明甚麼樣的額外信息可以被允許拿到投票站，而不會對選舉過程產生妨害。對投票者的倫理「感情」進行比較嗎？這毫無疑問將會違背中立原則，並擺脫阿羅悖論的困境，但又該是由誰來做出這些比較？為甚麼人們會信任這個做出比較的人呢？在我看來，我們似乎只需要簡單承認阿羅定理的存在，並盡我們最大的努力就行了。當所有投票人的排名屬於某一系列時，如果該投票規則滿足這四個倫理原則，那麼我們說一種投票規則對某一系列候選人的排序奏效。此外，簡單多數規則在某些情況下奏效，而其他規則卻不然。儘管有孔多賽悖論存在，簡單多數規則仍將是所有投票規則中最健全的。因此，一個不言自明的妥協方式就是去採納簡單多數規則；但要附加的條件是，如果在一次選舉中沒有一位候選人得到相對所有對手的簡單多數票，那麼在一對一較量中打敗最多對手的那些人中，獲得最高排名順序分者為優勝。

正如圓形不能變方那樣，理想的投票規則並不存在。理想市場只是一個美好的幻象，理想的政府並不能被虛構出來，因為政府是由人來運行的。如果所有這些令人過於沮喪的話，那麼我們不妨承認，我們周圍所見的人為損失並不是由這些分析的困難所帶來的。生命的成長受到阻礙或貧弱不堪，並不是由我在這篇專論中所講的「不可能定理」引起的。這些現象之所以存在，是因為人們還沒學會怎樣共同生活。

後　記

　　我運用了貝基和德絲塔的經歷來向列位展示了：本質上非常相似的人們，其生活是如何變得迥然不同，並且會一直保持這種狀況。德絲塔的生活是一種貧困的生活。在她的世界裏，人們無法保證能享受到充足的食物，他們沒有太多的資產，發育遲緩，身體衰弱，壽命短，沒有讀寫能力，沒有政治權利，無法充份地為莊稼欠收或家庭災難投保，無法控制自己的生活，在不健康的環境中生活。上述每一種貧困的表現都會彼此強化，因此勞動力、知識、製造資本、土地和自然資源的生產率都是非常低的，而且一直保持低水平。每天，德絲塔的生活中都充滿了麻煩。

　　而貝基並不受這種貧困的困擾。她所面對的是她的社會稱之為挑戰的東西。在她的世界中，勞動力、知識、製造資本、土地和自然資源的生產率水平都很高，而且在不斷增長中。挑戰的成功會對進一步挑戰的成功，起到增進作用。

　　然而，我們已經看到，儘管在貝基和德絲塔的生活之間有着巨大的差異，但是仍然有一種共同的方法來看待它們；經濟學正是用來對其進行分析的一套重

要的術語。毫無疑問，聲稱生活的要旨無法僅僅用經濟學來概括，這是很有誘惑力的，但我希望我已經讓你確信，如果我們想要理解世界各地的人們為了有所成就而採取的那些令人眼花繚亂的生活方式，那麼經濟學的邏輯推理的確至關重要。可以預期，有人失敗，就必然有人成功。經濟學能夠向我們展示的是，無論是個人的失敗或是個人的成功，都不完全是個人努力和機遇的問題。成功與失敗的原因，位於個人和社會的交叉點上。當然，這樣的說法是過於簡單化了，但去揭示個人與社會相互作用的途徑，又是極難的一件事情。我已經試圖向列位展示，這件事仍然可以做到，而且，如果未曾理解這些途徑，那麼那些關於國家和國際政策的爭論就是毫無結果的。

我正在抵制誘惑，不去為德絲塔需求的東西列出一個清單，部分是因為它們過於明顯，而部分則又是因為它們只能夠用來滿足直接需求。貝基的世界不應該對德絲塔的世界設制障礙（通過貿易限制、國內的農業補貼，等等），這是明顯又直接的。而既不明顯又不直接的內容——我們要為德絲塔捉住的那隻「隱身鳥」——是為了讓她的世界中的那些社區發現，如何去創造與彼此進行交易的新通途，以此來使它們的總括財富得到增進。

2001年在梵蒂岡社會科學院的全體會議上，在一篇令人感動的關於貧困特徵的演講中，來自津巴布韋

的麥里尼(Nicholas McNally)法官促使我們所有人將貧困看作是在這一不斷變化的，或者經常是不斷發展的世界中的一種宿命，是一種對逐漸增多的經濟困難的宿命。在同一次會議上，政治科學家維拉柯塔(Wilfrido Villacorta)主張，「窮困」這個詞語恐怕早已不再適用於國家了；目前，大概應該將各個國家按照諸如「發展中」之類的詞語來進行分類，這樣我們才能夠來詢問，它們是否具備了適當的制度、政策以及公民態度，以此來使得人們能夠改善現狀。也許，貝基的世界能夠為德絲塔的世界所做的一件最好的事情，就是為它提供經濟和技術上的援助，以此來促進和支持當地的企業，包括那些涉及教育和基本健康保障的企業，那裏的人們非常渴望創建這些企業，即使他們僅是遠遠地看到，其他地方的人們是如何改善自己的生存狀況的。也許，德絲塔的世界為貝基的世界所做的一件最好的事情，就是令它警醒，它那裏的經濟發展，給大自然帶來了何其大的壓力。唉，並沒有一帖能夠為任何一個世界帶來經濟發展的魔藥。

推薦閱讀書目

Political Economy, by Edmund Phelps (Norton, 1985) and *Economics*, by Joseph Stiglitz and Carl Walsh (Norton, 2006) are fine introductory textbooks.

Chapter 1
On economic growth, see *The Mystery of Economic Growth*, by Elhanan Helpman (Belknap, 2004).

Chapter 2
On trust, see *Trust: Making and Breaking Cooperative Relations*, edited by Diego Gambetta (Blackwell, 1988) and *Social Capital: A Multifaceted Perspective*, edited by Partha Dasgupta and Ismail Serageldin (World Bank, 2000). Good introductions to the theory of games are *Fun and Games*, by Ken Binmore (Heath, 1992) and *Games, Strategies, and Managers*, by John McMillan (Oxford University Press, 1993).

Chapter 3
An Inquiry into Weil-Being and Destitution, by Partha Dasgupta (Clarendon, 1993) offers a more detailed account of communities.

Chapter 4
On markets, see *Microeconomic Theory and Applications*, by Edgar Browning and Mark Zupan (Addison Wesley, 1998). On the macroeconomic consequences of market failure, see *Macroeconomics*, by N. Gregory Mankiw (Worth, 2000).

Chapter 5
On the economics of knowledge, see the essays in *The Economics of Science and Innovation*, edited by Paula Stephan and David Audretsch (Edward Elgar, 2000).

Chapter 6

On households, see *A Treatise on the Family*, by Gary Becker (Chicago University Press, 1981).

Chapter 7

On the economics of natural capital, see *Human Well-Being and the Natural Environment*, by Partha Dasgupta (Oxford University Press, 2001).

Chapter 8

On the role of the state, see *Economics of the Public Sector*, by Joseph Stiglitz (Norton, 2000). The classic on collective choice is *Social Choice and Individual Values, by Kenneth Arrow* (Wiley, 1951; 2nd edn, 1963). *Collective Choice and Social Welfare*, by Amartya Sen (North Holland, 1979) contains a wide-ranging discussion of collective choice and its place in social life. The exposition in Chapter 8 has been taken from 'The Fairest Vote of All', by Partha Dasgupta and Eric Maskin, *Scientific American* (March 2004).

I have not included any account of the history of my discipline because I am inexpert on the subject. Readers wishing to learn the history of economic thought should study *Epochs of Economic Theory*, by Amiya Dasgupta (Blackwell, 1985).